für
die Freiheit

Bücher haben feste Preise.
1. Auflage November 2019
2. Auflage Februar 2020

Hansjörg Stützle
DAS BARGELDKOMPLOTT

Lektorat und erweiterte Recherche: Hakon von Holst
Coverdesign, Layout, Satz, Grafik und Cartoons:
Stefan Roth/design-und-cartoons.de
Printed in Germany

ISBN 978-3-89060-390-2
WVL-Verlag ist ein Imprint bei Neue Erde.
Neue Erde GmbH
Cecilienstr. 29 – 66111 Saarbrücken – Deutschland – Planet Erde
www.neue-erde.de

wertvollleben.net und bargeldverbot.info

DAS BARGELD-
KOMPLOTT

von
Hansjörg Stützle

INHALT

Eine Geschichte vom Ende 5

Das entscheidende Erlebnis, das zu diesem Buch führte 13

Markante Angriffe auf das Bargeld 17

Mythen und Unwahrheiten über Bargeld 31

Bargeld und Geldsystem – Vogelperspektive und Basisinformationen 71

Was droht uns ohne Bargeld? 79

Der fundamentale Nutzen des Bargeldes 99

Die verborgenen Gründe der Bargeldabschaffung 121

Wer zieht die Strippen? Welche Motive stecken dahinter? 139

Die Schritte zur Abschaffung des Bargeldes 153

Ist Bargeld schon verloren? 161

Freiheit oder digitale Sklaverei? 173

Lösungen zum Erhalt des Bargeldes 181

Morphische Felder 199

Der Kreis schließt sich 217

EINE GESCHICHTE VOM ENDE

05:30 Uhr – ein ganz normaler Tag beginnt

Der Wecker von Frau Bargeldlos klingelt. Gut gelaunt wacht sie auf, hat sie doch eben von ihrer neuen Küche geträumt. Ihr langersehnter Traum wird bald in Erfüllung gehen. Bereits 20.000 Euro sind angespart. Mit diesem wundervollen Gedanken macht sie sich auf den Weg. Beim Bäcker gilt es, für die Familie das Frühstück einzukaufen.

06:30 Uhr – beim Bäcker

Zum Glück herrscht kein großer Andrang. Nur eine ältere Frau ist vor ihr an der Reihe. Als diese ihren Einkauf bezahlen möchte, kann sie sich nicht mehr an ihre Geheimzahl erinnern. Nach dem 3. Versuch ist die Karte gesperrt. Die alte Frau will es nicht wahrhaben und beginnt zu diskutieren. Endlich, nach einer halben Ewigkeit verlässt sie den Laden – ohne Brötchen.

Genervt von diesem Vorfall bestellt Frau Bargeldlos ihre Brötchen. Zum Bezahlen zieht sie ihr Mobiltelefon aus der Tasche. Das neue Portemonnaie in Handyform entgleitet ihren Händen und fällt auf den Boden. Das Display zersplittert. Vergeblich versucht sie den Bezahlvorgang durchzuführen. Nach etlichen Versuchen und unter unfreundlichen Bemerkungen aus der hinter ihr stehenden Menschenschlange bricht sie den Kauf ab und geht nach Hause wie die ältere Dame – ohne Brötchen.

07:00 Uhr – Frühstück

Frau Bargeldlos improvisiert mit Brot von gestern ein Frühstück. »Na ja, es ist nicht besonders lecker, aber es macht satt«, denkt sie.

Mit einem Bissen altem Brötchen im Mund überweist Frau Bargeldlos ihrem 13-jährigen Sohn sein Taschengeld. Dabei überfliegt sie die Kontobuchungen ihres Sohnes und bemerkt, dass er erneut sein Geld für Junkfood und Süßigkeiten ausgegeben hat. »Wenn du weiterhin dein Taschengeld nur für Süßigkeiten nutzt, muss ich dir dein Taschengeld kürzen!«

Kevin steht vom Frühstückstisch auf, nimmt seine Schultasche und schlägt die Haustüre hinter sich zu. »Schlimmer als bei Big Brother!« bleibt als letzter Satz im Haus zurück.

08:00 Uhr – Bankauszug

Nach diesen ernüchternden Erlebnissen möchte Frau Bargeldlos sich aufheitern und denkt wieder an ihre Küche. Sehr bald wird sie sie kaufen. Währenddessen ruft sie ihre Kontoauszüge ab. Erschrocken stellt Frau Bargeldlos fest, dass auf dem Sparkonto für ihre neue Küche nicht mehr 20.000, sondern nur noch 19.000 Euro Guthaben angezeigt werden.

Es fehlen 1000 Euro!
Ist sie Opfer eines Cyberangriffs geworden?

Umgehend ruft sie ihre Bank an. Nach fast einer Stunde in der Warteschleife bricht sie den Anruf ab. Wutentbrannt entscheidet sie, persönlich bei der Bank vorzufahren. In der unmittelbaren Umgebung gibt es jedoch schon lange keine Bankfiliale mehr. Dafür muss sie in die nächste größere Stadt fahren. Sie macht sich auf den Weg. 20 km sind zu überbrücken.

Der Banker beruhigt:
»Keine Sorge, Frau Bargeldlos, es handelt sich hier nicht um einen Cyberangriff. Dass Sie jetzt nur noch 19.000 Euro auf ihrem Sparkonto haben, liegt daran, dass Negativzinsen von 5 % eingeführt wurden, um die Wirtschaft anzukurbeln. In Ihrem Fall wurden von Ihren 20.000 Euro Guthaben 5 %, also 1000 Euro, abgezogen. Daher beträgt Ihr Kontostand nur noch 19.000 Euro. Das ist rechtlich zu 100 % korrekt und legitim.«

Frau Bargeldlos hakt nach und fragt: »Heißt das, dass diese 5 % nicht nur jetzt, sondern jedes Jahr neu von meinem Vermögen abgezogen werden?«

Der Banker stottert: »Ja … so wird es voraussichtlich sein.«

10:00 Uhr – Treffen mit Freundin

Frau Bargeldlos fährt gefrustet zu ihrer Freundin. Sie hat sich zum Kaffee verabredet.

»Weißt du, was mir letzte Woche passiert ist?«, erzählt ihr ihre Freundin. »Ich stand beim Edeka an der Kasse und habe zufällig einen alten Schulfreund getroffen. Er wollte seinen Einkauf bezahlen. Aber egal, welche Karte er auch benutzt hat, alle seine Kreditkarten waren gesperrt. Obwohl er, wie er versicherte, genug Geld auf seinen Konten hatte. Ich habe dann mit meiner Kreditkarte seinen Einkauf bezahlt. Er schaute sich auch schon die ganze Zeit so nervös um, als ob er verfolgt würde.

Als wir am Parkplatz ankamen, hat ihn ein schwer bewaffnetes Sondereinsatzkommando festgenommen. Ich stand bei der Festnahme zufällig neben ihm. Wahrscheinlich wurde ich deshalb auch verhört. Nicht von der Polizei, sondern vom Geheimdienst. Immer wieder die gleiche Frage: ›Haben Sie von ihm Daten oder einen Datenträger erhalten?‹

Seither habe ich von ihm nie wieder etwas gehört. Er ist wie vom Erdboden verschluckt. Keine Zeitung, kein Radiosender hat über den Vorfall berichtet. Nichts!

Man munkelt, dass er geheime Akten veröffentlichen wollte. So wie dieser Edward Snowden. Man nennt es, glaube ich, Whistleblower oder so ähnlich. Sie haben ihn durch die versuchte Kreditkartenzahlung beim Edeka orten und dingfest machen können. So konnte er seine Informationen vermutlich nicht mehr an die Öffentlichkeit weitergeben. So könnte es gewesen sein.«

Frau Bargeldlos konnte die Geschichte kaum glauben und meinte: »Wir leben doch in einem Rechtsstaat; dein Schulfreund hat sicherlich etwas Unrechtmäßiges getan, oder?«

12:00 Uhr – Brief von der Krankenkasse

Wieder zu Hause angekommen öffnet sie ihre Post. Darunter befindet sich ein Brief von der Krankenkasse:

> *Sehr geehrte Familie Bargeldlos!*
>
> *Nach § 145 Krankenversicherungsgesetz sind wir berechtigt, Ihr Gesundheitsverhalten regelmäßig zu überprüfen und gegebenenfalls Ihre Krankenversicherungsbeiträge anzupassen. Beim Abgleich mit Ihren Kreditkartenzahlungen mussten wir einen stark angestiegenen Umsatz an gesundheitsschädigenden Genussmitteln feststellen.*
>
> *Um die Versichertengemeinschaft mit den Krankheitsfolgen nicht zu belasten, belegen wir sie gemäß § 463 KVG mit einem Risikozuschlag in Höhe von 30 %. Ihr monatlicher Krankenversicherungsbeitrag erhöht sich somit von 500 Euro auf 650 Euro.*
>
> *Hochachtungsvoll*
> *Ihre Krankenkasse*

15:00 Uhr – Sohn Kevin kommt aus der Schule

Sohn Kevin kommt aus der Schule und rennt gierig zum Kühlschrank. »Mama, ich habe solchen Hunger«, sagt er beiläufig. »Ich konnte heute Mittag nichts zum Essen kaufen. Meine Bezahl-App hat nicht funktioniert.«

16:00 Uhr – Opa kommt zu Besuch

Frau Bargeldlos freut sich, dass Opa vorbeikommt. Bei Kaffee und Kuchen erzählt sie ihm von den heutigen Vorkommnissen. Opa meint, dass das alles Folgen der Bargeldabschaffung sind.

Beim Abschied möchte er seinem Enkel Kevin 100 Euro schenken und überweist den Betrag per Handy-App auf dessen Konto. Kevin, der auf dem Sofa im Wohnzimmer sitzt, erhält eine kurze Mitteilung, dass 100 Euro eingegangen sind. Ohne aufzuschauen, schickt er seinem Opa per WhatsApp einen Smiley zu.

Heute ist alles so schön einfach.

Opa denkt an seine Jugend zurück, als er Geld von seinen Großeltern in Form von Scheinen und Münzen geschenkt bekam. Die anschließende herzliche Umarmung hat nicht nur ihm, sondern auch den Großeltern ein Strahlen ins Gesicht gezaubert.

Heute ist alles so traurig unpersönlich.

17:00 Uhr – Einkauf

Frau Bargeldlos möchte Lebensmittel einkaufen. Schon vor dem Ladeneingang bemerkt sie, dass Menschen ohne Einkauf wieder gehen. Beim Betreten des Einkaufsmarktes hört sie folgende Durchsage:
»Sehr verehrte Kunden, es tut uns leid, Ihnen mitteilen zu müssen, dass unsere Kartenbezahlsysteme ausgefallen sind. Ein Einkauf ist daher bis auf Weiteres nicht möglich.«

19:00 Uhr – Abendessen

Beim Abendessen berichtet Herr Bargeldlos: »Ich habe heute von meinem Chef eine Abmahnung erhalten. Er hat von unserem Banker bei der Jahresbilanzbesprechung erfahren, dass ich an Greenpeace gespendet habe. Wenn ich weiterhin bei Esso arbeiten möchte, soll ich Spenden an solche Organisationen unterlassen. Man sollte schließlich nicht den Ast absägen, auf dem man sitzt.«

20:00 Uhr – Tagesschau

Frau Bargeldlos räumt den Tisch ab. Im Hintergrund läuft die Tagesschau.

> *»Die Bankenkrise hat einen neuen Höhepunkt erreicht. Um den Zusammenbruch des Bankensystems zu verhindern, haben IWF und EZB empfohlen, 20 % des gesamten Sparguthabens zur Rettung der Banken zu verwenden. Das liege im Interesse der Bürger.«*

Frau Bargeldlos wird blass und tippt in ihren Taschenrechner ein:
19.000 Euro × 20 % = 3800 Euro.

Die neue Küche rückt in weite Ferne …

22:00 Uhr – Tagesthemen

Zum Abschluss des Tages schaltet Frau Bargeldlos wie immer zu den Tagesthemen. Ungläubig lauscht sie dem Nachrichtensprecher.

> *»Die Europäische Union plant ein Verhaltenskonto für jeden Bürger gemäß chinesischem Vorbild. Das ist notwendig, um Terrorismus und Kriminalität effizienter zu bekämpfen. China hat bewiesen, dass das zu einer besseren Gesellschaft führt!«*

»Welch ein Horrortag«, denkt sich Frau Bargeldlos und lässt sich ins Bett fallen. Dabei kullern Tränen über ihre Wange.

Ihr Mann fragt: »Was ist ein Verhaltenskonto?«

DAS ENTSCHEIDENDE ERLEBNIS, DAS ZU DIESEM BUCH FÜHRTE

Vor einigen Jahren war ich Referent auf einem mehrtägigen alternativen Geldkongress. Während der Veranstaltung bin ich mit einem 84-jährigen Teilnehmer ins Gespräch gekommen, der in seinem Arbeitsleben engagierter Berufsschullehrer war. Er hat mir schon deshalb imponiert, weil er in seinem hohen Alter die Strapazen eines tagelangen Kongresses auf sich nahm. Das in dem Wissen, dass die möglichen Früchte des Kongresses eher seine Nachkommen als er selbst ernten werden.

Damit hat er mich an Martin Luther erinnert, der gesagt haben soll:

»Wenn ich wüsste, dass morgen die Welt unterginge, würde ich heute noch ein Apfelbäumchen pflanzen.«

Da der Mann körperlich nicht mehr so rüstig war und nur schwer längere Strecken gehen konnte, habe ich mich seiner angenommen und ihn jeden Abend zu seinem Hotel gefahren. An einem der Abende hatten wir die Gelegenheit, uns etwas länger zu unterhalten. Wir sind auch auf den Zweiten Weltkrieg zu sprechen gekommen. Er war Zeitzeuge und hat noch als Jugendlicher an der Front gekämpft. Er äußerte Folgendes:

»Was ich meinen Eltern bis heute nicht verzeihen kann, ist, dass sie nichts gegen das Dritte Reich unternommen haben.«

Dann sind ihm Tränen gekommen.

Da saß ein 84-jähriger Mann vor mir, der von einem derart lang zurückliegenden Erlebnis emotional noch so ergriffen war.
Die Aussage des alten Mannes hat mich sehr berührt und nicht losgelassen. Seither stelle ich mir oft folgende Fragen: Lassen wir auch heute Dinge zu, von denen wir gar nicht ahnen, welche zukünftige Welt wir damit für uns und die nachfolgenden Generationen erschaffen? Kommt für uns auch einmal der Tag, an dem unsere Kinder zu uns sagen werden:

»Ihr hättet doch sehen müssen, welche Folgen die Bargeldabschaffung hat, warum habt ihr nichts dagegen unternommen?«

Durch meinen beruflichen Hintergrund und meine jahrelangen Forschungen zum Thema Geld bin ich schon vor vielen Jahren auf das Thema Bargeldabschaffung und dessen Hintergründe gestoßen. Ich habe lange Zeit zu diesem Thema geforscht und recherchiert. Als ich die einzelnen Mosaiksteine zusammengetragen und zusammengesetzt hatte, wurde mir klar, dass die Weichen für die Bargeldabschaffung so raffiniert gestellt worden sind, dass diese unweigerlich und scheinbar zufällig kommen wird.

Besonders die allumfassenden Folgen und die Tragweite für unsere Gesellschaft und somit für jeden einzelnen Bürger wurden mir bewusst.
Die Zeit nach dieser Erkenntnis war für mich emotional eine der schwierigsten in meinem Leben. Dieses Insiderwissen zu besitzen und untätig und ohnmächtig den vorprogrammierten Entwicklungen zuschauen zu müssen, hat mich regelrecht zermürbt. Es war erdrückend.

Mein Erlebnis mit dem 84-jährigen Mann hat mich wachgerüttelt und war letzten Endes der Anstoß, dieses Buch zu schreiben. Auch wenn die heutige Situation mit dem Dritten Reich nicht zu vergleichen ist, schlummert in der Bargeldabschaffung ein Gefahrenpotenzial, das völlig unterschätzt wird. Die Auswirkungen könnten ähnlich gravierend verlaufen.

Lassen Sie sich auf dieses Abenteuer und die Reise durch dieses Thema ein. Es geht jeden an, dem Freiheit am Herzen liegt.
Denn hier dreht es sich nicht nur um harte und rationale Fakten. Ein Bargeldverbot hat maßgeblichen Einfluss auf alle Bereiche unseres Lebens: auf unsere Selbstbestimmung, auf unsere Entwicklungs- und Entfaltungsmöglichkeiten, auf die Psyche, auf Ängste und auf vieles mehr.

Beginnen möchte ich mit drei Beispielen, die aufzeigen, welchen Angriffen das Bargeld seit geraumer Zeit unterworfen ist.

Die Bargeldabschaffung ist bereits in vollem Gange!

MARKANTE ANGRIFFE AUF DAS BARGELD

Viele Indizien weisen darauf hin, dass die Abschaffung des Bargeldes im Hintergrund seit langer Zeit strategisch vorangetrieben wird. Dass die Einschränkung oder sogar Abschaffung des Bargeldes öffentlich gefordert, diskutiert und auch rechtliche Fakten geschaffen werden, ist relativ neu.
Die ersten Versuche dazu können auf die letzte Banken- und Weltwirtschaftskrise 2007/2008 datiert werden.

Das weltweite Geldsystem stand vor dem Kollaps und konnte nur mit Billionen von Dollar und Euro und vielen anderen Maßnahmen gerettet werden.

Seither ist Politikern, Notenbankern, Finanzministern, Ökonomen und natürlich der gesamten Geldindustrie bewusst geworden, wie labil das jetzige Finanzsystem ist. Ohne einschneidende Veränderungen wird es die nächste größere Finanzkrise vermutlich nicht überleben.
Ein Bargeldverbot wird dabei als die ultimative Lösung angesehen.

Seit 2013 wird das Thema von den Medien verstärkt aufgegriffen und gelangt mehr und mehr in das Bewusstsein der Öffentlichkeit. Was früher undenkbar erschien, ist heute gesellschaftsfähig: nämlich Einschnitte beim Bargeld ohne große Diskussionen hinzunehmen.
Leider bleibt es nicht beim Reden. Vielmehr unterliegt das Bargeld schon heute gewaltigen Angriffen und es werden Fakten geschaffen, deren Tragweite uns Bürgern nicht im Geringsten bewusst ist.

Anhand von 3 Beispielen werde ich aufzeigen, wie raffiniert, subtil und sogar am Rande der Rechtsbeugung die Abschaffung des Bargeldes vorangetrieben wird.

Abschaffung des 500-Euro-Scheins

> *»Am 4. Mai 2016 hat der EZB-Rat beschlossen, den 500-Euro-Schein ab Ende 2018 nicht mehr herauszugeben.«*

So lautet die offizielle Formulierung. Das bedeutet, dass seit Ende 2018 alle 500-Euro-Scheine, die bei den Banken bzw. bei der Europäischen Zentralbank eingehen, vernichtet und nicht mehr ersetzt werden. Der 500-Euro-Schein gilt zwar weiterhin als gesetzliches Zahlungsmittel, aber letzten Endes bedeutet es die schleichende Abschaffung des 500-Euro-Scheins.

Wer hat über die Abschaffung des 500-Euro-Scheins entschieden?

Die Entscheidung hat die EZB (Europäische Zentralbank) getroffen. Genauer gesagt, der 25-köpfige EZB-Rat. Er setzt sich zusammen aus 6 Direktionsmitgliedern sowie den 19 Präsidenten der nationalen Notenbanken. Deutschland ist vertreten mit dem Präsidenten der Deutschen Bundesbank. Jedes dieser Mitglieder hat genau eine Stimme, unabhängig davon, wie viele Bürger es vertritt.

So haben z. B. folgende Staaten genau das gleiche Stimmrecht:

- 1 Stimme: Deutschland mit 82.000.000 Bürgern.
- 1 Stimme: Griechenland mit 11.000.000 Bürgern.
- 1 Stimme: Zypern mit 1.000.000 Bürgern.

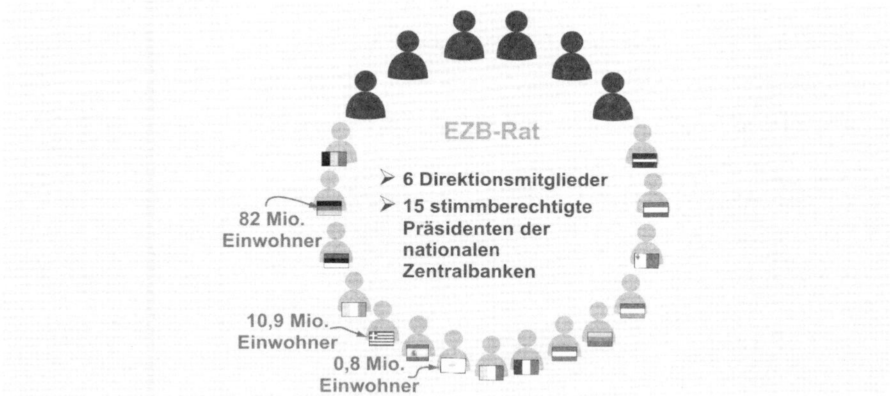

Anmerkung zur Grafik: Von den 19 Präsidenten der nationalen Zentralbanken sind wechselnd nur 15 stimmberechtigt.

Die Abschaffung des 500-Euro-Scheins wurde also von einer kleinen Wissenselite von 25 Personen beeinflusst bzw. entschieden. Dieser Kreis setzt sich aus hochausgebildeten Personen zusammen, die meist in den Eliteuniversitäten dieser Welt ausgebildet wurden. Es sind in der Regel Ökonomen, Juristen, Doktoren und Professoren. Man kann also davon ausgehen, dass in diesen Kreisen nichts zufällig passiert und dass Entscheidungen sehr überlegt und auf wissenschaftlicher Grundlage getroffen werden.

Die Begründung für die Abschaffung des 500-Euro-Scheins

Die Begründung liest sich abenteuerlich: genannt werden Kampf gegen Geldwäsche, Kriminalität, Schwarzarbeit und Terrorismus.

Da versuchen 25 hochbezahlte und topausgebildete Personen im EZB-Rat mit der Abschaffung des 500-Euro-Scheins die Kriminalität zu bekämpfen. Kommen Kriminelle tatsächlich nicht auf die Idee, zukünftig anstatt dem 500-Euro-Schein den 200-Euro- oder 100-Euro-Schein zu benützen?
Dass man mit der Abschaffung des 500-Euro-Scheins Kriminalität keineswegs bekämpfen kann, ist mit einem Blick in die USA leicht zu beweisen: Dort werden Banknoten seit 1946 nur noch im Wert von maximal 100 Dollar gedruckt. Der größte Schein ist somit der 100-Dollar-Schein. Ist deshalb in den USA die Kriminalität geringer als bei uns in Europa?
Frappierend ist in diesem Zusammenhang, dass es in den USA aktuell Bewegungen gibt, den 100-Dollar-Schein abzuschaffen. Die Argumente hierfür sind erstaunlich ähnlich wie bei uns in Europa.

Es ist leicht zu erkennen, dass die Argumentation der EZB nicht schlüssig ist. Vielmehr ist sie außerordentlich fragwürdig und letztlich substanzlos.
So sagte hierzu Kurt Pribil, ehem. Direktor der österreichischen Nationalbank:

> *»Aber wir in der Notenbank haben überhaupt keinen Hinweis, gar keinen Hinweis, dass die Abschaffung des Fünfhunderters die Kriminalität eindämmen wird.«*

Bei solch einer Sachlage ist die Frage berechtigt, ob mit der Abschaffung des 500-Euro-Scheins ganz andere, verborgene Ziele verfolgt werden.

Selbst Sachkundige rätseln über die Abschaffung des 500-Euro-Scheins: Ist sie rechtens?

Die EZB ist eine staatliche Institution, die politisch unabhängig ist und die die Währungshoheit, also das Monopol auf das Geld und die Geldpolitik, besitzt. Diese Unabhängigkeit bedeutet jedoch nicht, dass die EZB alles tun und lassen darf, was sie möchte. Ihr Auftrag ist in Art. 2 der EZB-Satzung folgendermaßen beschrieben:

> *»[...] das vorrangige Ziel des ESZB [ist es], die Preisniveaustabilität zu gewährleisten. Soweit dies ohne Beeinträchtigung des Zieles der Preisstabilität möglich ist, unterstützt das ESZB die allgemeine Wirtschaftspolitik in der Union [...].«*

Anmerkung: Um es nicht unnötig zu verkomplizieren, habe ich die Begriffe ESZB und EZB nicht differenziert, weil das ESZB (Europäisches System der Zentralbanken) von den Organen der EZB geleitet und kontrolliert wird.

Die EZB muss also dafür Sorge tragen, dass wir eine stabile Währung haben. Das ist deren Hauptaufgabe. Nur wenn das gewährleistet ist, kann sie auch die Wirtschaftspolitik in der Europäischen Union unterstützen.
Diesen Passus isoliert betrachtet wäre die Frage berechtigt, ob die EZB mit der Abschaffung des 500-Euro-Scheins ihren satzungsmäßigen Auftrag überschritten hat. Durch verschiedene Querverweise in der EZB-Satzung auf weitere Gesetze bekommt die EZB jedoch fast unbegrenzte Möglichkeiten, ihren Auftrag zu interpretieren und dadurch fast beliebig auszuweiten.

Losgelöst von dieser Tatsache stellt sich jedoch die Frage, ob eine so mächtige staatliche Institution wie die EZB solch weitreichende Entscheidungen mit so schwachen, ja regelrecht beweisbar falschen Argumenten begründen darf. Überschreitet sie hierbei eine Linie, die für eine Demokratie bedenklich wird? Kann die EZB also mit einer Argumentation wie z. B. Kriminalitäts- und Terrorismusbekämpfung ihren Auftrag fast grenzenlos ausdehnen und interpretieren?

Dass die EZB dazu bereit ist, hat sie schon mehrfach eindrücklich bewiesen: Als Beispiel hierfür kann man folgende EZB-Programme heranziehen:

- OMT-Programme (Outright Monetary Transactions)
- QE-Programme (Quantitative Easing)

Sie sind in Verruf wegen

- unerlaubter Vergemeinschaftung der Haftung für Staatsschulden,
- unerlaubtem Eingriff in die wirtschaftlichen Kompetenzen der Eurostaaten und
- unerlaubtem Ankauf von Staatsschulden.

Die grenzwertige Ausdehnung ihres Auftrages wurde vor dem Bundesverfassungsgericht und sogar vor dem Europäischen Gerichtshof verhandelt. Es lohnt sich, diesen Vorgang genauer zu betrachten, um die Rolle der EZB zu hinterfragen.
Der Ausspruch des ehemaligen EZB-Präsidenten Mario Draghi zur Rettung des Euros war unmissverständlich:

> *»Die EZB ist innerhalb ihres Mandats bereit, zu tun, was immer nötig sein wird, um den Euro zu schützen.«*

Meint er mit diesen Worten auch, dass er für den Erhalt des Euros sogar das Bargeld opfern würde?
Und dass nun die EZB in wirtschaftlich unbedenklichen Zeiten die Abschaffung des 500-Euro-Scheins mit beweisbar nicht stimmigen Argumenten durchsetzt, ist bemerkenswert. Besonders weil die EZB von einer Bargeldeingrenzung oder sogar Abschaffung am meisten profitieren würde! Was hindert die EZB noch daran, mit den gleichen Argumenten die Herausgabe des 200-Euro-Scheins und 100-Euro-Scheins etc. einzustellen? Kriminelle nutzen doch auch diese Scheine!

Diesen Sachverhalt zu kennen ist wichtig. Denn das Bargeld ist zu großen Teilen nicht mehr im Einflussbereich der Politik, geschweige denn der Bürger. Der EZB kommt somit bei der Umsetzung der Bargeldabschaffung eine Schlüsselrolle zu.

27 % des Bargeldwertes sind vakant

Die Abschaffung des 500-Euro-Scheins ist keine Lappalie, sondern ein gewaltiger Angriff auf das Bargeld. Im Jahr 2016 waren 594.000.000 dieser Scheine im Umlauf. Das sind 27,8 % des gesamten Euro-Bargeldwertes. Das ist eine beträchtliche Summe. Zudem verursacht die Abschaffung des 500-Euro-Scheins Kosten in Höhe von mindestens einer halben Milliarde Euro, die durch die Logistik des Umtausches verursacht werden.
Beunruhigend ist zu beobachten, mit welcher Leichtigkeit Institutionen außerhalb des Einflusses der Politik und der Bürger so etwas durchsetzen, aber auch mit welch einfältigen, plumpen und vorgeschobenen Argumenten hier gearbeitet wird. Aber das ist nicht der einzige Angriff auf das Bargeld. Auf zwei weitere möchte ich noch eingehen.

Bargeldobergrenzen

In den letzten Jahren ist in etlichen europäischen Ländern eine Bargeldobergrenze eingeführt worden. Das bedeutet, dass in diesen Ländern Waren nur noch bis zu einer bestimmten Grenze bar bezahlt werden dürfen. Höhere Beträge müssen mit Karte oder per Überweisung bezahlt werden. In der untenstehenden Grafik sind einige Länder mit einer bestehenden Bargeldobergrenze aufgeführt.

LAND	BARGELDOBERGRENZE	LAND	BARGELDOBERGRENZE
Griechenland	500 €	Spanien	2 500 €
Frankreich	1 000 €	Italien	2 999 €
Portugal	1 000 €	Belgien	3 000 €
In insgesamt 12 europäischen Ländern wurden bereits Bargeldobergrenzen eingeführt.			

Quelle: Europäisches Verbraucherzentrum Deutschland sowie EZB

Das hört sich zunächst unspektakulär an. Es hat jedoch weitreichende Folgen. Eine Bargeldobergrenze entspricht nämlich zu Ende gedacht bereits einem

Bargeldverbot! Richtig gelesen: Es ist verboten, Waren, Güter und Dienstleistungen, deren Wert über dieser Grenze liegt, mit Bargeld zu bezahlen.
Die Folgen daraus sind weitreichend:
Wenn z. B. ein Franzose eine Unze Gold kaufen möchte (31 Gramm Gold und kaum größer als ein 2-Euro-Stück), kann er dieses Goldstück schon heute nicht mehr mit Bargeld bezahlen. Die Münze hat einen Wert von ca. 1400 Euro. Er kann sie nur noch digital, also z. B. mit Karte, bezahlen.

Mit dieser Zahlungsbuchung ist natürlich über viele Jahre hinweg dokumentiert, dass er im Besitz einer Goldmünze ist. Jeder, der Einsicht in diesen Zahlungsvorgang hat, weiß darüber Bescheid. Bei einem Goldverbot könnte dieses Goldstück jederzeit konfisziert werden. Wer und mit welchem Motiv darüber hinaus diese Informationen nutzen könnte, überlasse ich Ihrer Einschätzung.

Auch in Deutschland wurde schon versucht, solch eine Bargeldobergrenze einzuführen. So hat im Jahr 2016 unser damaliger Finanzminister Herr Dr. Wolfgang Schäuble den Versuch gestartet, nicht nur in Deutschland, sondern gleich in ganz Europa eine Bargeldobergrenze von 5000 Euro einzuführen. Auch hier wurden die üblichen Argumente, Kampf gegen Geldwäsche und Terrorismus, vorgeschoben. Herr Schäuble hat sich damals mit diesem Vorhaben nicht durchsetzen können. Es ist jedoch nur eine Frage der Zeit, bis der nächste Anlauf folgen wird oder dieses Ziel auf anderem Wege erreicht werden wird.

Sind Bargeldobergrenzen überhaupt rechtens?

In § 14 Bundesbankgesetz steht:

> *»Auf Euro lautende Banknoten sind das einzige unbeschränkte gesetzliche Zahlungsmittel.«*

Das bedeutet, dass ein Händler Bargeld in unbeschränkter Höhe annehmen muss. Klarer kann ein Gesetz nicht formuliert sein. Um eine Bargeldobergrenze einzuführen, müsste man zuerst dieses Gesetz ändern. Keiner weiß das besser als Herr Dr. Wolfgang Schäuble, der nicht nur Politiker, sondern auch noch promovierter Jurist ist. Trotzdem versuchte er eine Bargeldobergrenze einzuführen, wohl wissentlich, dass das Gesetz dagegen steht.

Aber auch aus verfassungsrechtlichen Gründen bestehen große Zweifel, ob eine Bargeldobergrenze rechtens ist. Der ehemalige Präsident des Bundesverfassungsgerichts, Herr Prof. Dr. Hans-Jürgen Papier, hat hierzu Folgendes geäußert:

> *»Dies wären nicht gerechtfertigte Eingriffe in die Freiheitsrechte, nämlich in die Vertragsfreiheit und Privatautonomie.«*

Dieses Beispiel verdeutlicht, dass mit allen Mitteln versucht wird, das Bargeld einzugrenzen. Es besteht also ganz offensichtlich die Bereitschaft, bestehende Gesetze mutwillig zu ignorieren oder sogar zu brechen.

Das letzte Beispiel, das ich anführen möchte, ist an Raffinesse und Hinterhältigkeit kaum noch zu überbieten.

Münzgeldprüfverordnung – ein gieriges Monster wurde erschaffen

Im Jahr 2013 hat die Europäische Kommission einen Versuch gestartet, die 1-Cent- und 2-Cent-Münzen abzuschaffen, weil die Herstellungskosten zu hoch wären. In der Tat sind der Metallwert und die Herstellungskosten bei diesen Münzen relativ hoch. So betragen sie bei der 1-Cent-Münze genau 1 Cent.

HERSTELLUNGSKOSTEN VON MÜNZEN			
1-Cent-Münze	0,01 €	20-Cent-Münze	0,03 €
2-Cent-Münze	0,01 €	50-Cent-Münze	0,04 €
5-Cent-Münze	0,02 €	1-Euro-Münze	0,10 €
10-Cent-Münze	0,02 €	2-Euro-Münze	0,13 €

Quelle: www.emuenzen.de. Die Deutsche Bundesbank gibt nur den Durchschnittspreis pro Münze an. Er liegt bei 8 Cent.

Geld hat allerdings nicht den Anspruch, in der Herstellung billig sein zu müssen. Ganz im Gegenteil. Wenn man die Historie des Geldes kennt, weiß man: Früher war es üblich, Münzen aus sehr wertvollen Metallen wie Gold und Silber zu prägen. Das war sogar wichtig, um das Vertrauen in die eigene Währung zu stärken. Außerdem sind Münzen in der Regel über viele Jahrzehnte im Umlauf und werden viele Male zum Bezahlen verwendet. Herstellungskosten spielen daher traditionell eher eine untergeordnete Rolle.

Die Europäische Kommission hat sich an dieser Stelle mit ihren Forderungen nicht durchsetzen können. Im Vorfeld hatte sie aber bereits einen noch größeren Angriff in die Wege geleitet: die Münzgeldprüfverordnung. Ein direkter Angriff auf das Bargeld.

Was ist die Münzgeldprüfverordnung?

In dieser EU-Verordnung, Nr. 1210/2010, wurde festgelegt, dass Banken jede angenommene Münze auf Echtheit prüfen müssen. Erst wenn sichergestellt ist, dass es sich um keine gefälschte Münze handelt, darf die Bank sie wieder an ihre Kunden ausgeben. Diese Regelung ist seit dem 1. Januar 2015 verbindlich.

So weit hört sich diese Verordnung ja gar nicht schlecht an. Was ist dagegen einzuwenden, sicherzustellen, dass es sich nicht um Falschgeld handelt? Der Teufel steckt jedoch wie so oft im Detail.

Es ist gar nicht so leicht, Münzgeld auf Echtheit zu prüfen. Hierzu braucht man ein von der Bundesbank zertifiziertes Münzprüfgerät. Die Kosten für solch ein Gerät belaufen sich auf ca. 200.000 Euro. Das sind so hohe Kosten, dass es sich für kleine Banken, geschweige Bankfilialen nicht rechnet, solch ein Gerät anzuschaffen. Also wird seither das gesamte Münzgeld entweder in die Zentrale der jeweiligen Banken oder an externe Dienstleistungsunternehmen gegeben. Tonnen an Münzen müssen mit Sicherheitstransportern zu den Münzprüfgeräten transportiert werden. Dort werden sie geprüft und dann wieder mühsam mit Sicherheitstransportern zu den Bankfilialen zurückgebracht. Auch der Verwaltungsaufwand ist beträchtlich.

Das alles verursacht erhebliche Kosten für die Banken. Sie werden seit geraumer Zeit wie selbstverständlich an die Kunden weitergegeben. Aktuell sind vor allem Gewerbekunden wie z. B. Einzelhändler davon betroffen. Aber auch Privatpersonen werden immer öfter zur Kasse gebeten.

Einzelhändler müssen z. B. für jede Münze, die sie bei der Bank einzahlen, eine Gebühr in Höhe von ca. 1 bis 2 Cent bezahlen. Das bedeutet, dass es für sie heute keine Rolle mehr spielt, ob sie ihre 1- und 2-Cent-Münzen bei der Bank einzahlen oder gleich in den Mülleimer werfen.

Die Münzprüfverordnung zeigt Wirkung. Wie würden Sie als kleiner Händler nun verfahren?
Die Europäische Kommission hat mit ihrer Verordnung Bargeld extrem teuer gemacht, obwohl sie auf der anderen Seite vorgibt, Kosten einsparen zu wollen. Die Münzprüfkosten spüren aktuell vor allem die Einzelhändler, die dadurch verständlicherweise eine negative Einstellung zu Bargeld entwickeln. Sie empfinden Bargeld als teuer und beginnen der Zahlung mit Karte eine höhere Bedeutung zu geben, sie zu favorisieren und sogar voranzutreiben, indem sie das Kartenbezahlsystem in ihr Geschäft integrieren.

Die Stadt Kleve (Nordrhein-Westfalen) hat als erste Stadt in Deutschland versucht, durch Ab- und Aufrunden die 1- und 2-Cent-Münzen im Einzelhandel überflüssig zu machen. In anderen Ländern wie Holland, Belgien, Finnland, Italien oder Irland geschieht das schon flächendeckend. Es ist erschreckend, was eine EU-Verordnung für eine Auswirkung haben kann.

Bis hierher könnte man glauben, dass das alles Zufall ist. Sie erinnern sich an den Grund der Verordnung? Das Argument lautete: Schutz vor Fälschung.

Wie viel Münzgeld wird überhaupt gefälscht?

Seit es den Euro gibt, wurden die 1-, 2-, 5-, 10- und 20-Cent-Münzen noch nie gefälscht. Richtig gelesen! Es ist kein einziger Fall bekannt.
Der Grund ist ganz leicht erklärt: Es lohnt sich für die Fälscher einfach nicht. Die Kosten wären viel zu hoch. Fälschungen treten nur bei den höheren Stückelungen auf. Bei 50-Cent-, 1-Euro- und 2-Euro-Münzen.

Dazu eine Statistik der Deutschen Bundesbank:

MÜNZGELDFÄLSCHUNG IN DEUTSCHLAND			
2012	50-Cent-Münzen	1349 €	**91.414 €**
	1-Euro-Münzen	8401 €	
	2-Euro-Münzen	81.664 €	
2013	50-Cent-Münzen	1420 €	**92.173 €**
	1-Euro-Münzen	7691 €	
	2-Euro-Münzen	83.062 €	
2014	50-Cent-Münzen	1458 €	**80.946 €**
	1-Euro-Münzen	6258 €	
	2-Euro-Münzen	73.230 €	
2015	**Münzgeldprüfverordnung tritt in Kraft**		

Quelle: Deutsche Bundesbank

Im Jahr 2014 – ein Jahr bevor die Münzprüfverordnung in Kraft getreten ist – entstand durch die Münzgeldfälschung deutschlandweit ein Schaden in Höhe von 80.946 Euro. Das ist für ein Land mit 82.000.000 Menschen ein verschwindend geringer Betrag. Eine regelrecht lächerlich geringe Summe.
Dafür hat man nun ein Monster in Form der Münzgeldprüfverordnung geschaffen. Wer und warum hatte an einem solchen Millionenkosten-Monster zu Lasten des Bargeldes Interesse?

Dem gegenüber steht ein Schaden, der sich bundesweit auf 80.946 Euro beläuft. Das entspricht pro Bundesbürger marginalen 0,1 Cent. Ein einziges Münzprüfgerät kostet, zur Erinnerung, mehr als das Doppelte.
Was für ein Wahnsinn!

Man hätte in Anbetracht der geschehenen Fälschungen die Prüfung von 2-Euro-Münzen, eventuell noch der 1-Euro- und 50-Cent-Münzen einführen können. Aber auch das rechtfertigt den Aufwand nicht.
Aber eine Prüfung für Kleinmünzen zu verlangen, die noch nie gefälscht wurden, ist eine sehr merkwürdige Idee. Die EU-Verordnung lässt sich mit keinem schlüssigen Argument rechtfertigen. Es sei denn, die EU-Kommission verfolgt ein ganz anderes Ziel.

Anhand dieser 3 Angriffe auf das Bargeld erkennen Sie, dass die Abschaffung des Bargeldes keine Einbildung ist. Sie ist schlichte Realität. Es gibt viele weitere Beispiele.

Der Antikorruptionsexperte Prof. Peter Fissenewert – ein Verfechter der Bargeldabschaffung – bringt es auf den Punkt. Er sagte sinngemäß:

> *»Ich bin für eine schrittweise Abschaffung des Bargeldes, so wie wir es seit vielen Jahren eigentlich schon machen und so wie wir es auch schon in vielen Ländern Europas bereits haben.«*

Wie diese Aussage eindrücklich zeigt, geschehen die Angriffe auf das Bargeld nicht zufällig.

Im nächsten Schritt gehe ich erst einmal auf die Argumente ein, die Bargeldverbot-Befürworter anbringen. Ich werde sie von allen Seiten für Sie beleuchten.

MYTHEN UND UNWAHRHEITEN ÜBER BARGELD

Seit einigen Jahren werden die Bürger mit einer Vielzahl von Argumenten für eine Einschränkung oder Abschaffung des Bargeldes überhäuft:

- Bargeld ist dreckig und voller Bakterien!
- Bargeld fördert Steuerbetrug!
- Bargeld ist teuer!
- Ein Bargeldverbot schützt vor Terrorismus!

Oft erscheinen die Argumente bei oberflächlicher Betrachtung schlüssig.

Bei näherem Hinsehen bleibt jedoch oft ein flaues Gefühl. Stimmen die Argumente oder sind sie nur vorgeschoben? Sollten wir wirklich unser Bargeld dafür hergeben?

In den nächsten Jahren werden wir mit diesen und weiteren Argumenten noch stärker konfrontiert werden. Daher macht es Sinn, einige Argumente für die Abschaffung des Bargeldes aufzugreifen, sie zu hinterfragen und von allen Seiten zu betrachten.
Ich beginne mit dem folgenden Argument:

Bargeld macht krank

In einer Studie aus 2013 wurde festgestellt, dass sich auf einer Eurobanknote im Schnitt mehr als 11.000 Bakterien befinden. Mit dem Tenor »Bargeld ist schmutzig und voller Bakterien« wurden die Ergebnisse von der Presse aufgegriffen und weltweit verbreitet. Bei genauem Hinsehen fällt auf, dass die Untersuchung von Mastercard in Auftrag gegeben und veröffentlicht wurde – einem der größten Kreditkartenunternehmen der Welt.
Man könnte kritisch hinterfragen, welches Ziel die Untersuchung hatte. So wurde z. B. nicht untersucht, wie viele Bakterien sich auf einer Kreditkarte befinden.
Ist das kein wichtiger und für einen Vergleich entscheidender Aspekt? Wurde es nur zufällig vergessen? Oder hat man es untersucht, aber das Ergebnis hat dem Auftraggeber nicht gefallen? Oder wollte man nicht wissen, wie viele Bakterien sich auf Kreditkarten befinden?
Es lohnt sich, dieses Thema mal etwas genauer zu beleuchten.

Ohne Bakterien gäbe es kein Leben auf der Erde

Bakterien spielen für das Leben auf der Erde eine zentrale Rolle. Ohne Bakterien wäre kein Leben auf der Erde entstanden und überhaupt keines möglich.

So leben 40 Billionen Bakterien mit unserem Körper in Symbiose. Das macht zwei Kilogramm seines Gewichts aus. Allein auf einem Quadratzentimeter Haut siedeln im Schnitt 10 Millionen Bakterien. Bevor man nun das Bargeld wegen Bakterien abschafft, wäre es klüger, Küssen zu verbieten. Man hat herausgefunden, dass sich bei einem 10-sekündigen Kuss mit Zungenkontakt 80 Millionen Bakterien übertragen.

Wie winzig erscheinen die 11.000 Bakterien auf einem Geldschein? Tatsächlich sind 11.000 Bakterien eine völlig unbedenkliche Zahl. Um z. B. an einer Salmonellenvergiftung zu erkranken, müssen durch den Mund in den Körper eines gesunden Menschen zwischen 100.000 und 1.000.000 Bakterien gelangen – wohlgemerkt von der gleichen Bakteriengattung.

Bakterien sind nicht das Problem. Dafür hat uns die Natur ein wirksames Immunsystem mitgegeben. Auch von allerhöchster Stelle wird das bestätigt. So schreibt die EZB in einer Veröffentlichung:

> *»Banknoten, die aus Lebensmittelverkaufsstellen oder ähnlichen Quellen stammen, weisen oft geringe Mengen häufig vorkommender Bakterien auf. Die Belastung ist jedoch so niedrig, dass diese Bakterien nicht einmal leichte Symptome hervorrufen können. Auf Münzen wurde sogar eine noch geringere Verschmutzung festgestellt, während Kreditkarten dieselbe Bakterienbelastung aufwiesen wie Bargeld.«*

Was für Lösungen gäbe es gegen die Bakterien auf einem Geldschein?

Malen wir einfach mal den Teufel an die Wand und nehmen an, dass die Bakterien auf unseren Geldscheinen für unsere Gesundheit gefährlich wären.
Hierfür gibt es heutzutage zahlreiche Lösungen:

- In Japan gibt es schon seit Jahren Bankomaten, die Geldscheine bis auf 200 Grad aufheizen und jede Bakterie abtöten. Bankkunden bekommen klinisch reine Banknoten.
- In der Regel sind Geldscheine aus Baumwolle hergestellt. Durch die raue Oberfläche können sich leichter Organismen festsetzen. Auf einer Polymerfolie, die eine viel glattere Oberfläche hat, ist das nicht der Fall. In Kanada und Australien werden z. B. deshalb Geldscheine aus Polymerfolie hergestellt.
- Eine weitere Lösung wäre, unser Geld wieder aus Edelmetallen wie Silber, Kupfer oder Gold herzustellen. Diesen Metallen wird nachgesagt, dass sie antibakterielle Eigenschaften haben, also Bakterien abtöten.

Darüber hinaus würde es auch unserem Geldsystem guttun, wenn wir Geld hätten, das nicht nur aus wertlosem Papier oder Bits besteht, sondern auch einen materiellen Wert hat.
Sie sehen also selbst: Wären Bakterien wirklich ein Problem, gäbe es viele Lösungen.

Anhand dieses Beispiels ist im wahrsten Sinne des Wortes zu sehen, wie schmutzig der Kampf gegen das Bargeld geführt wird. Bakterien auf Geldscheinen sind völlig unbedenklich. Dennoch hat Mastercard es geschafft, zu verbreiten, dass Bargeld schmutzig und bakteriell kontaminiert wäre.

Die Kampagne hat ihre Wirkung nicht verfehlt. Heute sind die meisten Menschen in Deutschland davon überzeugt, dass Bargeld dreckig wäre.

Es wird Sie nicht wundern, dass die Lösung dafür von Mastercard auf dem Silbertablett präsentiert wird: Meidet Bargeld, nehmt und nutzt unsere Mastercard!

Fazit: Auf Bargeld befinden sich nicht mehr Bakterien als auf einer Kreditkarte. Die Zahl der Bakterien ist so gering, dass sie nicht einmal geringe Krankheitssymptome hervorrufen kann.

Mit Karte zu bezahlen ist einfacher und komfortabler

Ist das Bezahlen mit Karte wirklich einfacher und komfortabler? Warum fragt man nicht die Menschen, die mit Bargeld bezahlen? Interessanterweise behaupten die genau das Gleiche, nämlich dass Bargeld einfacher und komfortabler wäre.
Man hat eine viel bessere Übersicht über sein eigenes Geld. So geht man z. B. 1 Mal im Monat zur Bank und hebt den Betrag ab, den man für den Monat braucht. Wenn der Geldbeutel leer, aber der Monat noch nicht zu Ende ist, dann gibt uns das den Hinweis, dass wir über unsere Verhältnisse gelebt haben und dringend etwas an unserem Einkaufsverhalten ändern sollten.

Mit Karte zu bezahlen verführt dazu, über seine Verhältnisse zu leben, und man gerät in finanzielle Probleme. Und spätestens dann, wenn man an der Kasse steht und die Kartenzahlung wegen einem nicht gedeckten Konto abgewiesen wird, kommen ernsthafte Probleme auf einen zu.
Jeder Einkauf wird dann zur Tortur wegen der Ungewissheit, ob die Karte angenommen wird. Man wird geoutet und ist schneller als gedacht abseits der Gesellschaft. Ein Aspekt, der zu oft vollständig ausgeblendet wird.

Fazit: Mit Bargeld zu bezahlen ist genauso einfach und komfortabel.

Bargeld zu beschaffen ist umständlich

Dieses Argument suggeriert, dass man mit Karte überall problemlos bezahlen kann. Das ist aber nicht so. Bei vielen kleineren Läden ist eine Bezahlung mit Karte nicht möglich. Selbst in größeren Geschäften wird eine Kartenzahlung oft erst ab einem Einkaufswert von 10 Euro akzeptiert.

Bargeld zu beschaffen ist in Deutschland und in Europa für gewöhnlich sehr leicht. Es gibt hierzulande knapp 60.000 Bankautomaten. Jedes größere Einkaufszentrum, viele Media-Märkte und einige Tankstellen haben in der Regel mindestens einen Geldautomaten.
Hinzu kommt, dass man heute bei den meisten größeren Lebensmittelmärkten wie Rewe, Edeka, Penny und Netto, bei Tankstellen und Baumärkten an der Kasse Bargeld abheben kann. Das Schlimmste, was einem Bargeldzahler passieren kann, ist, dass er 100 Meter laufen muss.

Das Argument, Bargeld zu beschaffen wäre umständlich, ist nicht nachhaltig. Eher das Gegenteil ist korrekt. An Bargeld kommt man leicht heran. In vielen Fällen ist dagegen eine Bezahlung per Karte nicht oder nur mit Einschränkungen möglich.

Fazit: In Deutschland kommt man überall leicht an Bargeld heran.

Mit Karte zu bezahlen ist schneller

Dieses Argument hält sich hartnäckig. Vielleicht liegt es daran, dass jeder schon einmal an der Kasse stand und die »Oma« vor ihm mühsam ihr Geld abgezählt hat. Stellen Sie sich aber einfach mal die Oma vor, die mit Karte bezahlt und ihre Geheimzahl vergessen hat. Ginge das wirklich schneller?
Es gibt heute Studien, die eindeutig belegen, dass eine Barzahlung schneller ist als eine Kartenzahlung. So schreibt die Deutsche Bundesbank in ihrer Studie »Kosten der Bargeldzahlung im Einzelhandel« aus dem Jahr 2019:

»22,3 Sekunden dauert im Durchschnitt eine Bezahlung mit Bargeld […]. Damit ist Bargeld um rund sieben Sekunden schneller als eine Kartenzahlung mit PIN-Eingabe und knapp 16 Sekunden schneller als eine Kartenzahlung mit Unterschrift.«

Da ich jedoch die Ergebnisse einer Studie nicht ungeprüft übernehme, habe ich einen Selbstversuch durchgeführt: Ich habe mich für eine Stunde an die Kasse eines Supermarktes gestellt und alle Zahlungen mit der Stoppuhr gestoppt.
Das Ergebnis war, dass eine Barzahlung im Schnitt 13,4 Sekunden und eine Kartenzahlung 15,9 Sekunden gedauert hat. Ob nun eine Barzahlung tatsächlich schneller ist als eine Kartenzahlung, möchte ich auf Grund meines kleinen Selbstversuches nicht behaupten. Aber eine Barzahlung ist auf keinen Fall langsamer.

VERSUCH: VERGLEICH DER ZAHLUNGSDAUER MIT KARTE UND BARGELD											
Kauf-Nr.:	**1**	**2**	**3**	**4**	**5**	**6**	**7**	**8**	**9**	**10**	**...**
Barzahlung Dauer in Sekunden	15	25	8	12	12	17	11	10	7	11	...
Kartenzahlung Dauer in Sekunden	16	21	17	17	15	15	23	32	14	20	...

AUSWERTUNG			
	Min.	**Max.**	**Durchschnitt**
Barzahlungen	6 Sek.	30 Sek.	13,4 Sek.
Kartenzahlungen	14 Sek.	32 Sek.	15,9 Sek.

Quelle: Eigenversuch von Hansjörg Stützle

Die Geldindustrie arbeitet mit Nachdruck daran, kontaktloses Bezahlen flächendeckend in der Gesellschaft zu etablieren. Und tatsächlich ist zu erwarten, dass durch die NFC-Technik (Nahfeldkommunikation) der kontaktlose Bezahlvorgang, beispielsweise per Karte oder Handy, schneller wird, eventuell sogar schneller als eine Bezahlung mit Bargeld.

Wichtig dabei ist, Folgendes festzuhalten: Von der Geldindustrie wurde schon zu Zeiten damit geworben, dass eine Kartenzahlung schneller wäre als eine Bezahlung bar, als das nachweislich noch nicht der Fall war.

Fazit: Eine Barzahlung ist aktuell nicht langsamer als eine Kartenzahlung.

Bargeld ist altmodisch, überholt und anachronistisch

Die Abschaffung des Bargeldes wäre wohl der größte Einschnitt in unser aktuelles Geldsystem seit dessen Bestehen.

Geld ist für den Austausch in unserer Gesellschaft unverzichtbar. Es ist nicht mit einem Handy oder Kleidungsstück zu vergleichen, das man einfach wegwirft, wenn es nicht mehr zeitgemäß oder »in« erscheint.
Es ist eher vergleichbar mit den Gemeingütern wie z. B. Luft, Wasser oder den Grundnahrungsmitteln. Jeder Mensch ist gezwungen darauf zuzugreifen, um überleben und in der Gesellschaft agieren zu können. Eine Änderung im Geldsystem muss daher sehr überlegt geschehen und darf nicht von Trends bestimmt werden.

Schauen wir in diesem Zusammenhang ganz kurz auf die Thematik der Wasserrechte. Die Trinkwasserversorgung gehört nicht in private Hände und sollte nie privatisiert werden. Sie ist Aufgabe des Staates, weil Trinkwasser der Allgemeinheit immer zu einem angemessenen Preis zur Verfügung stehen muss.

Das Gleiche gilt auch für unser Geldsystem. Es sollte nie in private Hände gelangen und einer Gewinnmaximierung ausgesetzt sein. Das ist leider heute schon zu großen Teilen der Fall und genau da liegt auch die Wurzel des Problems: Gewinnmaximierung.

Fazit: Ein Geldsystem hat übergeordnete Bedeutung für jede Gesellschaft. Es darf keinen Experimenten oder skrupelloser Gewinnmaximierung ausgesetzt werden.

Bargeld kann geklaut werden

Ja, Bargeld kann geklaut werden. Wie ein Auto und alles andere, was mobil ist. Wenn das Portemonnaie geklaut wird und wir dadurch 100 Euro Bargeld verlieren, ist das sehr ärgerlich. Aber damit dann auch erledigt.

Wie sieht es aber aus, wenn die Kreditkarte geklaut und missbraucht wird? Dann sind nicht nur 100 Euro gefährdet. Dann wird unter Umständen das gesamte Guthaben unseres Kontos abgeräumt und, wenn wir Pech haben, auch noch der gesamte Kreditrahmen ausgeschöpft. Das ist tagtägliche Realität.
Von den Banken wird das nicht an die große Glocke gehängt, da es das Vertrauen in das Giralgeld beeinträchtigen würde. Sicher kennen Sie mindestens einen Fall, wo so etwas geschehen ist.

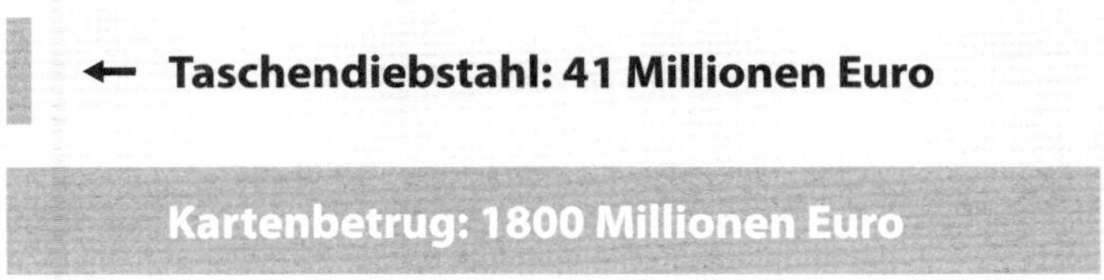

Quelle: Bundespolizei sowie EZB

Die oben dargestellte Statistik spricht hier eine deutliche Sprache. So beläuft sich der Schaden auf Grund von Taschendiebstahl in Deutschland auf ca. 41 Millionen Euro pro Jahr. Der jährliche Schaden durch Kreditkartenbetrug wird auf ca. 1800 Millionen Euro geschätzt.

Fazit: Bargeld kann gestohlen werden. Das ist korrekt. Der Schaden ist aber auf die gestohlene Summe begrenzt. Der Schaden aus dem Verlust einer Kreditkarte kann viel höher sein.

Bargeld ist zu teuer

Das ist ein Argument, auf das ich tiefer eingehen möchte. Die Meinung, dass Bargeld teuer sei, verbreitet sich wie ein Lauffeuer. Das Gegenteil ist jedoch der Fall. Bargeld ist das günstigste Zahlungsmittel, das wir überhaupt haben.
Hierzu gibt es sogar von höchster Stelle unmissverständliche Aussagen. So sagte Bundesbankpräsident Jens Weidmann Folgendes:

> *»Bei den Kosten pro Transaktion schlägt das Bargeld sowohl die Debitkarte als auch die Kreditkarte deutlich.«*

Anmerkung: Eine Debitkarte ist z. B. die EC-Karte.

Der ehemalige Zentralbereichsleiter für Bargeld der Deutschen Bundesbank äußerte hierzu in einem Aufsatz:

> *»[...] die Argumente, dass Bargeld das teuerste Zahlungsmittel sei, [sind] schlichtweg falsch. Für den Handel beispielsweise verursachen Kartenzahlungen Kosten in Höhe von 0,3 % seines Umsatzes. Für Bargeld dagegen liegt dieser Wert zwischen 0,08 % und 0,2 %.«*

Diese beiden Aussagen sollten als Beweis genügen, die Behauptung, Bargeld wäre teuer, zu widerlegen. Aber um sich nicht auf Aussagen von sogenannten Autoritäten verlassen zu müssen, macht es Sinn, das Thema aus weiteren Blickwinkeln zu betrachten.
Zuerst aber sollten wir uns anschauen, woher die treibende Kraft zu dieser Behauptung stammt.

Woher kommt die Meinung, dass Bargeld teuer wäre?

Sie kommt vor allem vonseiten der Banken und wird von der Bankenlobby sehr effektiv in die Öffentlichkeit getragen. So sagte z. B. im Jahr 2016 der ehemalige Vorstandsvorsitzende der Deutschen Bank, John Cryan, beim Weltwirtschaftsforum in Davos Folgendes:

»In zehn Jahren wird Bargeld wahrscheinlich nicht mehr existieren. Es ist einfach schrecklich ineffizient.«

Aus Sicht der Banken verursacht Bargeld tatsächlich nicht unerhebliche Kosten. So müssen sie Bankomaten und Personal bereitstellen, Geldtransportkosten etc. tragen.

Was kostet Giralgeld?

Bevor wir prüfen, ob Bargeld wirklich zu teuer ist, wenden wir uns einer anderen Frage zu: Was kostet Giralgeld? Diese Frage wird nämlich in den Medien nahezu gänzlich ausgelassen. Hierzu möchte ich drei Aspekte anschauen, die einen Hinweis geben.

Das Girokonto

Die Kosten von Giralgeld erkennt man am klarsten, wenn man sich die Gebührentabelle der Bank für ein Girokonto anschaut. Hier beispielhaft die Gebührenabrechnung einer meiner Mandanten:

Duplikatsauszug 7
Anlage 1
Blatt 1

Information zur Abrechnung 19,05-

Grundpreis	1 x	1,75	1,75-
Geldautomat fremd	2 x	0,30	0,60-
Barauszahlung	2 x	0,50	1,00-
Erstattung	2 x	0,50	1,00+
Bareinzahlung	1 x	0,50	0,50-
Erstattung	1 x	0,50	0,50+
Dauerauftrag	2 x	0,40	0,80-
Kartenzahlung	39 x	0,30	11,70-
Zahlungseingang	2 x	0,30	0,60-
Dauerauftr. Gutschr.	2 x	0,30	0,60-
Gehalt/Rente	4 x	0,30	1,20-
Beleghafte Buchung Geschäftsvorfälle	8 x	0,50	4,00-
SEPA Einzug Basis-LS	12 x	0,30	3,60-

Privat

Es lohnt sich, solch eine Abrechnung etwas genauer anzuschauen. Jede einzelne Dienstleistung kostet Geld. So verlangen viele Banken schon für das Abheben und Einzahlen eine Gebühr. Hier sehen Sie, wie die Banken Bargeld künstlich teuer machen und mit Gebühren belegen.

Wie Sie ersehen können, berechnet diese Bank für jede Kartenzahlung eine Gebühr von

30 Cent

Hier handelt es sich nicht einmal um die teuerste Bank. Ich kenne Banken, die eine Gebühr von bis zu 75 Cent berechnen! Wie sieht es bei Ihnen aus?

Und das ist nur die halbe Wahrheit. Denn eine Zahlung löst nicht nur auf unserem, sondern ebenso beim Konto des Verkäufers eine Buchung aus. Und die wiederum verursacht dort ebenfalls eine Gebühr.
Vielleicht wird der eine oder andere dem widersprechen und sagen: »Ich habe ein Girokonto mit Pauschalpreis; also dort fällt keine Gebühr für eine Karten- oder Handyzahlung an.« Darauf möchte ich gerne eingehen:

Girokonto mit Pauschalpreis

Hierzu ein Beispiel von meinem privaten Girokonto, das ich bei der örtlichen Sparkasse habe. Ich bezahle monatlich pauschal 6,90 Euro. Im Schnitt habe ich pro Monat 10 Buchungen. Also, jede Buchung auf meinem Girokonto kostet mich:
6,90 Euro Pauschalgebühr ÷ 10 Buchungen =

69 Cent

Berechnen Sie doch auch einfach einmal, wie viel Sie für eine Buchung tatsächlich bezahlen! Nehmen Sie hierzu Ihre Kontoauszüge zur Hand und berechnen Sie die Gebühr, so wie ich es oben beschrieben habe.

Kostenloses Girokonto

Ja, es gibt noch Banken, die ein kostenloses Girokonto anbieten. Meist sofern man Privatkunde ist und monatliche Einkünfte in einer bestimmten Höhe nachweisen kann.

Aber wie wird es mit der Kontogebühr aussehen, wenn es kein Bargeld mehr gibt? Hierzu eine Einschätzung von Kurt Pribil, ehemaliger Direktor der österreichischen Nationalbank:

> *»Stellen Sie sich vor, man würde das Bargeld abschaffen. Ich bin davon überzeugt, dass dann die Gebühren für Transaktionen, für Überweisungen, für unbare Zahlungsmethoden dramatisch in die Höhe schnellen würden.«*

Mit dieser Einschätzung stimme ich voll überein. Wenn der einzige Konkurrent des Giralgeldes, also das Bargeld, nicht mehr existiert, werden wir uns wundern, welche Grundgedanken die Geldindustrie in Wirklichkeit verfolgt.

Was kostet Bargeld?

Die 3 oben angeführten Beispiele geben uns einen deutlichen Hinweis darauf, dass vermutlich nicht Bargeld, sondern Giralgeld teuer ist. Theoretisch könnten wir es hierbei belassen. Trotzdem möchte ich auf eine Studie eingehen, die die Aussage »Bargeld ist teuer« zu belegen versucht.

Die bekannteste Studie hierzu ist von der Steinbeis-Hochschule Berlin mit dem Namen »Cost of Cash«. Auch diese Studie hat einen merkwürdigen Beigeschmack, da sie vor allem durch Mastercard in die Öffentlichkeit getragen wurde. Von verschiedenen Seiten hört man sogar, dass sie von Mastercard finanziert wurde. Zum Beispiel von Carl-Ludwig Thiele, dem ehemaligen Vorstandsmitglied der Deutschen Bundesbank:

> *»Die Studie, die – es wird niemanden überraschen – von einem Karten emittierenden Unternehmen gesponsert wurde, nimmt also sehr eindeutig Partei für die unbaren Zahlungsinstrumente.«*

Die Studie ist 111 Seiten stark und kommt zu dem Schluss, dass die volkswirtschaftlichen Kosten für Bargeld in Deutschland bei knapp 11 Milliarden Euro pro Jahr liegen. Kartenzahlungen verursachten Kosten von nicht einmal einem Zehntel davon, lägen also scheinbar nur bei 781 Millionen.

Quelle: Steinbeis-Hochschule Berlin

Es würde den Rahmen des Buches sprengen, auf diese Studie tiefergehend einzugehen und die dortigen Behauptungen zu hinterfragen. Ich möchte hierzu nur 4 Aspekte zum Nachdenken skizzieren:

1. Die berechneten Kosten für Kartenzahlungen sind zu gering, denn die Studie blendet die Kosten aus, die dem Bürger entstehen.

2. Nur wenn das Bargeld komplett abgeschafft wird, können die Kosten, die es verursacht, eingespart werden. Wenn man bedenkt, dass aktuell 90 % der deutschen Bevölkerung gegen eine Abschaffung des Bargeldes sind und eine Bargeldabschaffung einem Bruch des Grundgesetzes gleichkäme, ist das eine gewagte Annahme für eine Studie.

Denn auch wenn Bargeld nur noch aus 5-Euro-Scheinen und Münzen bestehen sollte, müsste trotzdem weitestgehend die gesamte Infrastruktur (Bankomaten, Bankschalter, Transportkosten etc.) aufrechterhalten werden und die Kosteneinsparungen wären somit marginal.

3. Die Kosten der Banken für die Bargeldbereitstellung belaufen sich laut dieser Studie auf knapp 4 Milliarden Euro. Bei Abschaffung des Bargeldes muss man jedoch davon ausgehen, dass die Banken die Einsparungen für ihre Gewinnoptimierung nutzen und nicht an ihre Kunden weitergeben würden. Ähnlich wird es sich bei den Kosten für den Handel verhalten. Bei der Einführung des Euros konnten wir ja bestens beobachten, wie der Handel die Umrechnung von D-Mark zu Euro zu seinem Vorteil genutzt hat.
   Warum sollte es jetzt plötzlich bei einer Abschaffung des Bargeldes anders sein? Man wird daher damit rechnen müssen, dass Kostenvorteile kaum bei Ihnen ankommen würden.

4. Am Ende der Studie werden Vorschläge gemacht, wie Bargeld eingegrenzt, verteuert und sogar verboten werden kann. Hier muss man sich fragen, welches Ziel diese Studie verfolgt.

Wie hoch sind die Kosten von Bargeld und Giralgeld denn wirklich?

Anhand eines einfachen und für jeden leicht nachvollziehbaren Beispiels möchte ich aufzeigen, wie hoch die Kosten für Bargeld oder das Bezahlen mit Karte in Wirklichkeit sind. Auf Grund der Aspekte, die ich oben unter Punkt 3 aufgeführt habe, lasse ich hierfür die Kosten der Banken und des Handels unberücksichtigt und begrenze mich erst einmal auf die Herstellungskosten des Bargeldes.
Laut der Deutschen Bundesbank belaufen sich die Herstellungskosten des Bargeldes auf 246 Millionen Euro pro Jahr. Dabei kostet eine Münze zwischen 1 Cent und 13 Cent. Die Kosten für Scheine liegen zwischen 7 Cent und 16 Cent.

Die Lebensdauer der Scheine beträgt zwischen 1 und 10 Jahre. Bei den Münzen liegt die Lebensdauer bei vielen Jahrzehnten.
Ein weiterer wichtiger Aspekt ist, dass ein Geldschein im Schnitt 131 Mal zum Einkaufen genutzt wird. Nach dieser Zeit ist der Schein abgenutzt und muss ersetzt werden.

1. Herstellungskosten des Bargelds

1-Cent-Münze	0,01 €	5-Euro-Schein	0,07 €
2-Cent-Münze	0,01 €	10-Euro-Schein	0,09 €
5-Cent-Münze	0,02 €	20-Euro-Schein	
10-Cent-Münze	0,02 €	50-Euro-Schein	
20-Cent-Münze	0,03 €	100-Euro-Schein	
50-Cent-Münze	0,04 €	200-Euro-Schein	
1-Euro-Münze	0,10 €	500-Euro-Schein	0,16 €
2-Euro-Münze	0,13 €		

2. Lebensdauer von Bargeld

5-, 10-, 20- und 50-Euro-Scheine	1 bis 4 Jahre
100-, 200- und 500-Euro-Scheine	zum Teil weit über 10 Jahre
Münzen	jahrzehntelang

3. Ein Geldschein wird im Schnitt 131 Mal zum Einkaufen genutzt.

Quelle: 1. www.emuenzen.de, 2. Deutsche Bundesbank, 3. Steinbeis-Hochschule Berlin

Mit diesen hier angeführten Fakten sind wir nun in der Lage, die Kosten von Bargeld mit denen von Giralgeld zu vergleichen.
Wenn etwas gekauft und bezahlt wird, findet zwischen zwei Menschen ein Austausch statt.

Mit Bargeld

Nehmen wir an, dass wir mit einem 50-Euro-Schein ein Paar Schuhe für 50 Euro bezahlen. Der Verkäufer der Schuhe nimmt den 50-Euro-Schein und kauft dafür etwas anderes. Das passiert im Schnitt 131 Mal, bis der Schein ersetzt wird.
Bei diesem Beispiel kann insgesamt ein Tauschwert von 6550 Euro entstehen (131 × 50 Euro = 6550 Euro). Dabei fallen für die ganzen 131 Bezahlungen Kosten von nur 12 Cent (Druckkosten des 50-Euro-Scheins) an.

Mit Karte

Das gleiche Beispiel nun mit einer Kartenzahlung: Dabei fällt beim Einzelhändler eine Gebühr an. Die lag z. B. bei Kreditkarten bei bis zu 5,6 %. Seit 2018 darf sie auf Grund einer neuen EU-Verordnung nur noch maximal 0,2 % (Debitkarte) und 0,3 % (Kreditkarte) betragen.
Zudem entstehen bei Ihnen als Kunde Kosten durch die Buchungsgebühr. Sie liegt je nach Tarif zwischen 0,10 Euro und 0,75 Euro. Es mag sein, dass es aktuell noch Banken gibt, die für Privatkonten keine Kontogebühr verlangen. Aber diese Zeiten werden zu Ende gehen.
In unserem Beispiel fallen bei einem Schuhkauf von 50 Euro folgende zusätzliche Kosten an:

Händler 0,2 % von 50 Euro	=	10 Cent	
Buchungsgebühr beim Kunden	=	20 Cent	(unterer Durchschnitt)
Gesamt	=	30 Cent	

Führen wir diesen Bezahlvorgang ebenso oft durch wie mit einem 50-Euro-Schein – also 131 Mal –, so entstehen zusätzliche Kosten von 39,30 Euro. Das ist 328 Mal mehr als die Kosten, die bei der Bezahlung mit Bargeld entstehen.

Gegenüberstellung
am Beispiel eines 50-Euro-Scheins

Bezahlen mit Bargeld (131 Bezahlvorgänge)	Bezahlen mit EC- oder Kreditkarte (131 Bezahlvorgänge)
Kosten: 0,12 €	**Kosten: 39,30 €**
(staatlich getragen)	(von Käufer und Händler getragen)

Kartenzahlung ist um das bis zu 328-Fache teurer als Barzahlung!

Wenn wir die Kosten für Banken und Handel hinzuzählen, würde sich das Verhältnis sicherlich reduzieren. Aber die Grundtendenz, dass Bargeld nicht teuer, sondern günstig ist, ist deutlich zu erkennen.

Natürlich kann dieses Beispiel nicht den wissenschaftlichen Grundlagen einer qualifizierten Studie genügen. Und das ist auch nicht das Ziel dieses Buches. Mein vereinfachtes Beispiel wurde jedoch in jedem Falle nicht von Visa oder Mastercard finanziert. Das garantiere ich!

Die Abschaffung des Bargeldes ist für die Banken ein riesiges Geschäft. Sie können sich einerseits von Kosten trennen und andererseits neue Einnahmen generieren. Es ist eines der vielversprechendsten Geschäftsmodelle unserer Zeit. Es ist nicht ein Milliarden-, sondern ein Billionengeschäft!

Eines der größten Geschäftsmodelle vor Vollendung – Perpetuierung von Gewinnabschöpfung

Durch die Abschaffung des Bargeldes mischt sich dann bei jeder Transaktion eine unsichtbare Macht ein, die unseren täglichen Tausch untereinander grundlos verteuert und einen Teil unseres Geldes in Form einer Gebühr einbehält.

Man nennt das Wertabschöpfung. Es wird also ein Teil unserer Kraft, Energie oder unseres Geldes bei jedem Tausch abgezogen. Sie können nichts dagegen tun.

Wenn das Bargeld abgeschafft ist, wird es erst richtig teuer

Wie teuer Giralgeld wirklich ist, werden wir mit voller Wucht erst nach der Bargeldabschaffung erfahren. Denn ab dem Zeitpunkt, an dem es kein Bargeld mehr gibt, ist der Weg frei, z. B. für Negativzinsen.

Mit Folgendem müssen wir dann jederzeit rechnen:

1. Negativzinsen in Höhe von jährlich ca. 2 bis 8 %.
2. Teilenteignung von z. B. 10 % für die Bankenrettung.
3. Erhöhung der Kontogebühr und der Transaktionsgebühren.

Diese 3 Punkte samt der dazu angegebenen Prozentzahlen sind keine Annahmen oder Fantasien von mir. Genau das wird bereits von bekannten Ökonomen, vom IWF und diversen Banken öffentlich gefordert. Wir können also davon ausgehen, dass die wirklichen Kosten von Giralgeld uns erst nach der Bargeldabschaffung präsentiert werden. Aber dann können wir uns dagegen nicht mehr wehren.

Das alles ist ein schleichender Prozess. Er läuft scheinbar zufällig und beliebig ab. Aber das ist nicht so. Dahinter verstecken sich ausgeklügelte Strategien, die ich jetzt anhand von Beispielen aus der Vergangenheit aufzeigen möchte:

Strategie 1:
Mache den Menschen zuerst abhängig, dann bestimme den Preis

Blicken wir zurück in die 1960er Jahre. Damals gab es fast nur Bargeld. Der Arbeitnehmer hat seinen Lohn meist wöchentlich in einer Lohntüte vom Arbeitgeber persönlich bar erhalten. Girokonten gab es zu dieser Zeit nicht. Die Banken haben dann versucht, ihr neues Produkt Girokonto einzuführen, aber der Arbeitnehmer hat es nicht haben wollen. Er wollte lieber seinen Lohn bar in seiner Lohntüte bekommen.

Trotz großer Marketingmaßnahmen gelang es den Banken nicht, das Girokonto flächendeckend in der Gesellschaft zu etablieren. Girokonten waren Ladenhüter. Erst als die Banken die Arbeitgeber für das Produkt gewonnen hatten und diese den Lohn nicht mehr über die Lohntüten, sondern nur noch per Überweisung an ihre Mitarbeiter ausbezahlten, konnte sich das Girokonto durchsetzen. Mit anderen Worten: Das Girokonto wurde den Leuten aufgezwungen. Eines der damaligen Hauptargumente für das Girokonto war, dass man doch dumm sei, es nicht zu nutzen, da es Vorteile bringe und vor allem kostenlos sei.

Gleich danach kam die dahinterliegende Grundstrategie zum Vorschein. Als die Leute vom Girokonto abhängig waren und die alte Struktur Lohntüte nicht mehr existierte, hat man umgehend eine Kontogebühr eingeführt. Anders ausgedrückt: Mache den Menschen zuerst abhängig und dann bestimme den Preis.

Genau das gleiche Konzept kann man heute bei der Bargeldabschaffung beobachten: Eliminiere zunächst die bestehenden Strukturen, also das Bargeld. Wenn den Leuten die Alternativen genommen wurden und sie gezwungen sind auf dein Produkt zuzugreifen, kannst du den Preis nach Belieben selbst bestimmen.

Um solch ein Monopol herstellen zu können, wird das neue Produkt zunächst kostenlos eingeführt, damit möglichst viele Menschen es haben wollen und die Konkurrenz aus dem Markt gedrängt wird. Diese Strategie ist bei der Abschaffung des Bargeldes deutlich erkennbar. Giralgeld ist eigentlich außerordentlich teuer, wird aber durch geschickte Marketingaktionen als billig vermarktet. Sobald es nur noch Giralgeld gibt, wird uns Bürgern die wahre Rechnung präsentiert werden.

Strategie 2:
Gib vor, dass etwas kostenlos ist, und hole dir das Geld versteckt – außerhalb des Bewusstseins der Beteiligten

Es ist bis heute kaum bekannt, dass die Zahlung mit Karte eine erhebliche Gebühr verursacht. Sie fällt in der Regel nicht beim Konsumenten, sondern beim Einzelhändler an.

So musste ein Einzelhändler über viele Jahre hinweg eine Gebühr zwischen 0,8 % und 5,6 % des Einkaufswertes abführen. Die günstigste Karte war in der Regel die EC-Karte mit ca. 0,8 %. Die höchste Gebühr hat American Express verlangt. Sie belief sich auf 5,6 %. Das war der Grund, warum die meisten Händler die Zahlung mit American Express abgelehnt haben. Das konnte nämlich bedeuten, dass bei einem Einkaufswert von 100 Euro gewaltige 5,60 Euro an Gebühren angefallen sind.

Man hat den Kunden suggeriert, dass die Kartenzahlung kostenlos wäre. Das war nur möglich, weil man außerhalb des Bewusstseins der Konsumenten eine hohe Kartenzahlungsgebühr vom Händler gefordert hat. Letztendlich hat der Bürger die Kosten dennoch bezahlt. Ein Händler preist diese Gebühr selbstverständlich in die Waren ein.

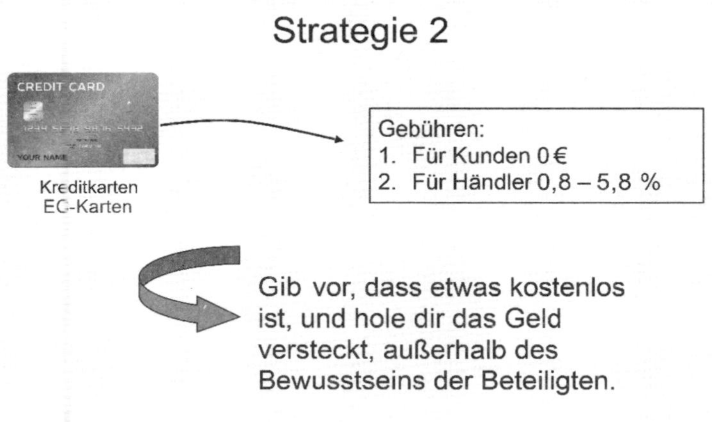

Hätte man die Gebühr vom Konsumenten verlangt, so hätte er mit Sicherheit bar und nicht mit Karte bezahlt. Von den Banken eine ganz raffinierte Strategie. Gib vor, dass etwas kostenlos ist, und hole dir das Geld versteckt, außerhalb des Bewusstseins der Beteiligten.

Das war das Erfolgskonzept der Kartenzahlung. Ohne diese Strategie hätte sie sich vermutlich nicht durchgesetzt.

Strategie 3:
Wenn die Abzocke auffällt, suche ein neues Betätigungsfeld

Gegen die über Jahrzehnte hinweg hohe Gebühr für die Kartenzahlung ist 2015 eine Verordnung in Kraft getreten. Sie ist seit Dezember 2018 in vollem Umfang wirksam. Die Verordnung erlaubt nur noch eine Gebühr in Höhe von maximal 0,2 % bis 0,3 % des Umsatzes.

Fraglich dabei bleibt die Hauptmotivation: Will man damit die Gesellschaft vor dieser unsittlich hohen Kartengebühr schützen? Oder hat man erkannt, dass eine Abschaffung des Bargeldes bei einer so hohen Gebühr der Bevölkerung kaum zu verkaufen ist? Diese Frage möchte ich Ihrer Einschätzung überlassen.

Aber auch hier hat die Finanzindustrie längst neue Lösungen gefunden. Bezahlsysteme im Internet wie z. B. PayPal verlangen vom Händler ca. 2,1 %, also das 10-Fache der EU-Verordnung.

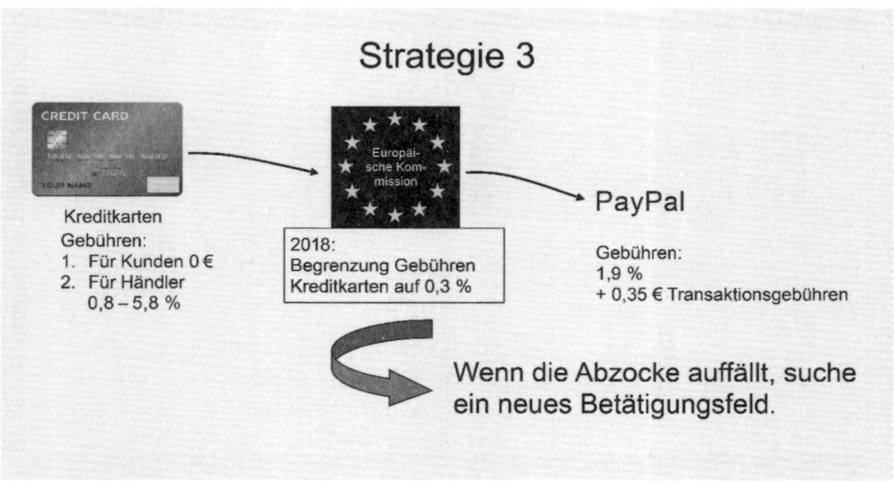

Es gibt also genügend Alternativen, um beim Zahlungsverkehr sehr viel Geld zu verdienen. Und das ist die eigentliche Idee dahinter. Eine Zahlung mit Bargeld kann einfach nicht mit einer Gebühr belegt werden.

Strategie 4:
Gewinne werden privatisiert und Verluste sozialisiert

Banken sind gerade jene, die im ganz großen Stil mit ihrem Tun Wirtschaftskrisen verursachen und die Folgen daraus die Allgemeinheit bezahlen lassen.

Die Bankenkrise 2007/2008 ist ein Paradebeispiel. Sie hat manch eine Nation fast in den Ruin getrieben und großen weltweiten Kollateralschaden verursacht. Die Katastrophe konnte gerade noch verhindert werden, weil die Banken vom Staat riesige Geldbeträge erhalten haben und somit vor dem Kollaps gerettet wurden. Laut einem Bericht der Süddeutschen Zeitung sollen für die weltweite Bankenrettung über 3 Billionen Euro an Steuergeldern und staatlichen Garantien geflossen sein. Eine gewaltige Summe.

Hier greift die Strategie: Gewinne stecken wir selber ein, Verluste oder den Schaden, den wir verursachen, trägt die Allgemeinheit!
Bei dieser Strategie ist es logisch, dass das Bargeld abgeschafft werden muss, da es den Banken nur Arbeit und keine Gewinne bringt.

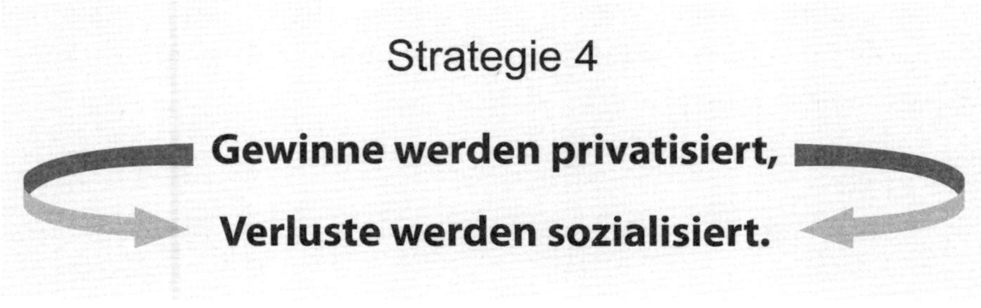

Ich denke, dass ich das Argument »Bargeld ist teuer« ausreichend behandelt habe. In diesem Zusammenhang möchte ich Ihnen eine übergeordnete Betrachtung nicht vorenthalten:

Die Verantwortung der Banken

Einer Bank kommt eine große gesellschaftliche Verantwortung zu. Sie sitzt an der Quelle des Geldes, auf das jeder Bürger und jedes Unternehmen zugreifen muss. So hat eine Bank auch die Aufgabe, die Wirtschaft und die Gesellschaft mit Geld zu versorgen. Sie hat Aufgaben übernommen, die eigentlich dem Staat oder staatlichen Einrichtungen wie der Notenbank obliegen. Zudem unterliegt sie dem Schutz des Staates und genießt viele weitere Privilegien wie kein anderes Wirtschaftsunternehmen. Banken führen sich bei der Bargeldabschaffung jedoch so auf, als ob sie keinerlei gesellschaftlicher Verantwortung unterlägen und nur ihrem eigenen Profit verpflichtet wären.

Wenn eine Bank ihrer gesellschaftlichen Verantwortung nicht nachkommt, weil sie nur an Geschäften mit höchstmöglichem Profit interessiert ist, verliert sie ihre Daseinsberechtigung. Zumindest müsste sie dann sämtliche Privilegien verlieren und den normalen Wirtschaftsunternehmen gleichgestellt werden.

Bargeld spielt für die freie Entwicklung einer Gesellschaft eine entscheidende Rolle. Aus dieser Sicht müsste eine Bank immer an Bargeld festhalten. Im Grunde sogar vollkommen unabhängig davon, wie hoch die Kosten hierfür auch sein mögen.
Denn es geht nicht um den Profit der Bank, sondern um den Nutzen für die Gesellschaft. Bei der aktuellen Diskussion um die Bargeldabschaffung wird das leider in keiner Form berücksichtigt.

Fazit: Ist Bargeld wirklich teurer? Die Einschätzung fällt ganz eindeutig zu Gunsten des Bargeldes aus. Selbst dann, wenn die gesellschaftlichen Aspekte ausgeblendet bleiben.

Bargeld ermöglicht Steuerbetrug, Geldwäsche, Schwarzarbeit

Wie viel Geld unserem Staat z. B. durch Steuerbetrug jährlich entgeht, ist äußerst ungewiss; es gibt keine verlässlichen Zahlen. Die Studien und Schätzungen hierzu haben eine große Spannweite und weisen Zahlen zwischen 30 Milliarden und 160 Milliarden Euro pro Jahr aus. Für die Zwecke dieses Buches setze ich den Mittelwert von 95 Milliarden an.
Gehen wir also von Steuerausfällen durch Steuerbetrug von 95 Milliarden Euro pro Jahr aus. Um diesen Wert besser greifbar zu machen, vergleichen wir ihn mit den gesamten Steuereinnahmen unseres Landes. Sie liegen im Jahr 2019 bei ca. 760 Milliarden Euro. Das heißt, wir hätten ohne Steuerbetrug in der Theorie 12 % mehr in der Staatskasse.

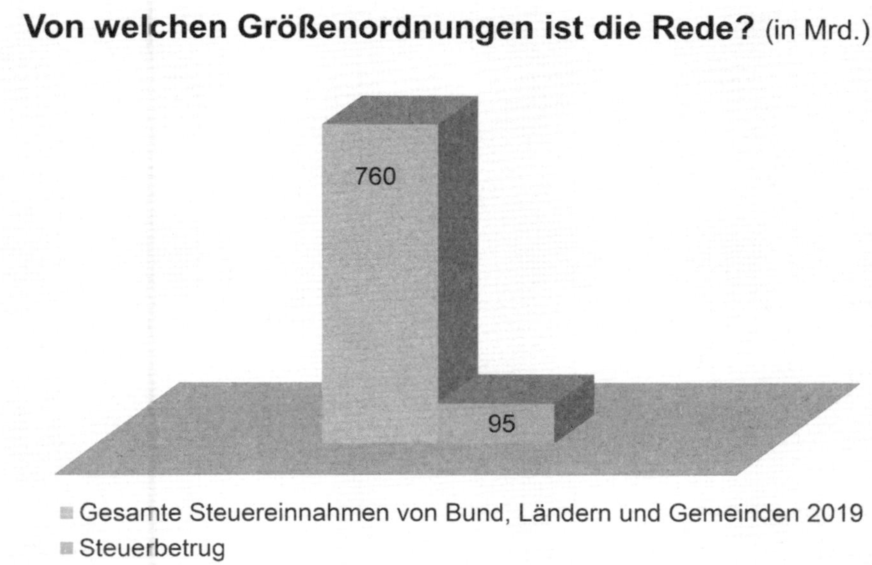

Für die Frage, ob man wegen dem Steuerbetrug das Bargeld abschaffen sollte, ist von entscheidender Bedeutung zu erfahren, welcher Anteil dieser 95 Milliarden denn tatsächlich durch Bargeld entsteht. Verblüffenderweise gibt es keine verlässlichen Zahlen. Einmal habe ich eine Schätzung von 26 Milliarden Euro gelesen.

Bei Diskussionen zur Bargeldabschaffung ist es spannend zu beobachten, dass dabei ausgeblendet wird, welcher Anteil bei der Steuerhinterziehung auch durch Giralgeld entsteht. Es macht den Anschein, dass Steuerbetrug ausschließlich durch Bargeld verursacht wird. Das ist jedoch ganz und gar nicht der Fall. Um es besser greifbar zu machen, möchte ich hierzu einen etwas anderen Blickwinkel aufzeigen:

Wer kann überhaupt Steuern hinterziehen?

Schauen wir uns doch mal an, wer überhaupt Steuern hinterziehen kann. Säuglinge, Kinder, Jugendliche, Arbeitslose und Rentner können wir dabei unberücksichtigt lassen, da sie bei diesem Thema keine entscheidende Rolle spielen. Konzentrieren wir uns daher auf die arbeitende Bevölkerung.

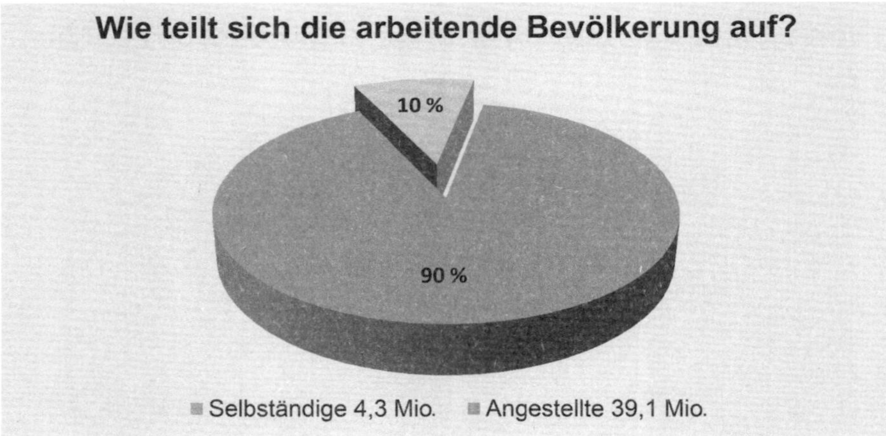

Arbeitnehmer

Von der arbeitenden Bevölkerung sind 90 % angestellt. Ein Arbeitnehmer hat gar nicht die Gelegenheit, Steuern zu hinterziehen! Das liegt nicht daran, dass ein Arbeitnehmer besonders steuerehrlich wäre, sondern dass der Arbeitgeber die Lohnsteuer sowie alle Sozialabgaben automatisch an die entsprechenden Behörden abführt. Der Arbeitnehmer bekommt dieses Geld also erst gar nicht in seine Hände und somit kann er auch keinen Steuerbetrug begehen.

Mit seinem noch übrig gebliebenen Nettoeinkommen einen nennenswerten Steuerbetrug zu generieren, ist eher die Ausnahme. Vielleicht kann er einmal einen Handwerker schwarz bezahlen und damit die Mehrwertsteuer einsparen, aber viel mehr ist kaum möglich.

Das zu erfassen ist wichtig, da eine Bargeldabschaffung alle Menschen umfasst, also auch die 90 % der arbeitenden Bevölkerung, die gar nicht in der Lage sind, Steuerbetrug zu begehen. Eine freie Gesellschaft schränkt nicht die Freiheit aller Menschen ein, um ein paar schwarze Schafe vielleicht etwas besser jagen zu können.

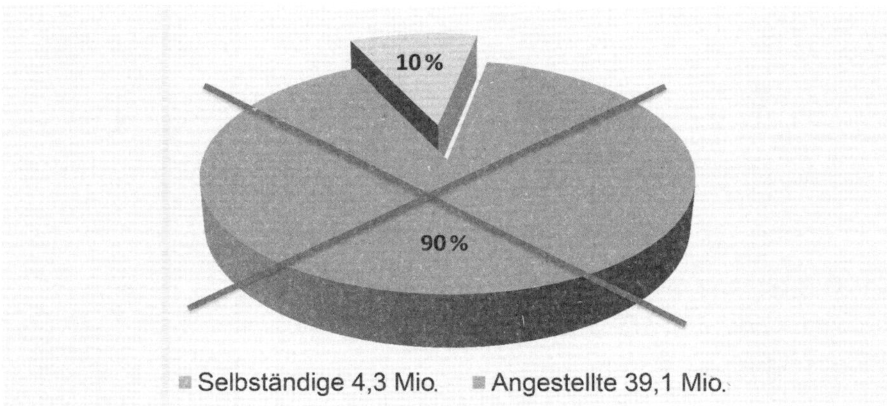

Selbständige

Es besteht die Meinung, dass Selbständige es mit den Steuern nicht so genau nehmen und bewusst im großen Stil Steuern hinterziehen. Die medial ausgeschlachteten Beispiele wie Uli Hoeneß, Alice Schwarzer und Carsten Maschmeyer bestärken diesen Eindruck.
So einfach ist das alles jedoch nicht. Das deutsche Steuerrecht soll eines der kompliziertesten der Welt sein. Ein Unternehmer ist heute nicht mehr in der Lage, diese Gesetze zu überblicken. Dafür braucht er einen Steuerberater oder Wirtschaftsprüfer, der einerseits viel Geld kostet und andererseits selbst oft den Überblick über die zahlreichen Steuergesetze, deren Auslegung und die Gerichtsurteile verliert. Wenn jedes Steuergesetz ein Bierdeckel wäre, würden alle Steuergesetze aufeinandergestapelt einen Turm mit einer Höhe von 132 Metern ergeben.

Zudem gibt es unzählige Kontrollmechanismen, tausende Steuerprüfer und sehr empfindliche Strafen bei Steuerbetrug.

Es wird schlicht nicht thematisiert, welcher Anteil dabei durch Bargeld oder Giralgeld entsteht. Man weiß jedoch, dass es nur ganz wenige Branchen gibt, wie z. B. das Gastronomie-, Friseur- oder Baugewerbe, bei denen mit Bargeld leicht Steuerhinterziehung möglich ist. Das wurde inzwischen bereits durch bessere Kassensysteme oder andere Regelungen weitgehend gelöst. Dafür ist es sicherlich nicht notwendig, das Bargeld abzuschaffen.
In der Diskussion ist das aber unbequem. Es passt besser in den Plan, dem Bargeld den schwarzen Peter zuzuschieben.

Es gibt sicherlich Unternehmer, die Steuerbetrug begehen. Aber das geschieht meist durch Giralgeld. Und das Gros des Steuerbetrugs läuft auf einer ganz anderen Ebene ab. Auf diesen Aspekt werde ich jetzt eingehen.

Großkonzerne und multinationale Konzerne

Jetzt kommen wir zum Kern der Sache. Es gibt in Deutschland ca. 15.000 Groß- und multinationale Konzerne.

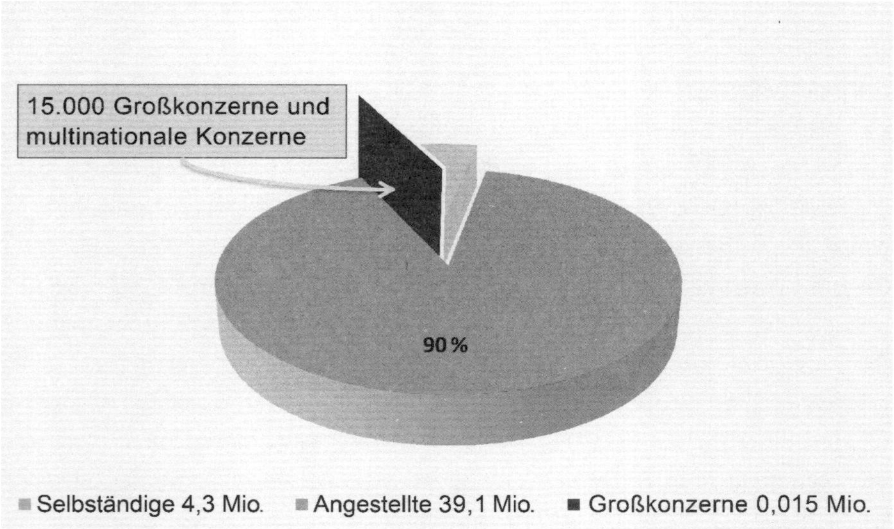

Hier wird Steuerhinterziehung in ganz großem Maße betrieben. Zum Beispiel über Steueroasen.

Steueroasen		
Andorra	Isle of Man	Nauru
Anguilla	Jungferninseln	Niederländische Antillen
Antigua und Barbuda	Kaimaninseln	Niue
Bahamas	Kanalinseln	Oman
Bahrain	Kranidi	Panama
Barbados	Liberia	Samoa
Belize	Liechtenstein	Seychellen
Bermuda	Malediven	St. Kitts und Nevis
Cookinseln	Malta	St. Lucia
Dominica	Marshallinseln	St. Vincent und die Grenadinen
Dubai	Mauritius	Vanuatu
Gibraltar	Monaco	Zypern
Grenada	Montserrat	etc.

Durch den Skandal der Panama-Leaks ist das jetzt auch vielen Bürgern bewusst geworden und in den öffentlichen Fokus gerückt. Konzerne führen systematisch und geplant Steuerbetrug durch. In diesen Steueroasen findet über Briefkastenfirmen Steuerhinterziehung in ganz großem Stil statt. Man schätzt, dass ca. 7–20 Billionen Dollar in diesen Oasen liegen. Es geht also um die ganz großen Summen. So können Großkonzerne, die in fast jedem Land auf der Erde vertreten sind, leicht diese Steuerparadiese nutzen.
Auch hier muss man sich die Frage stellen, welche Rolle bei diesem gigantischen Steuerbetrug Bargeld spielt. Bargeld spielt hier nachweislich so gut wie gar keine Rolle.

Legaler Steuerbetrug

Es gibt eine Art des Steuerbetrugs, die dieses Thema auf die Spitze treibt.
Ich nenne sie legalen Steuerbetrug. Was darunter zu verstehen ist, möchte ich anhand von zwei Beispielen erklären:

Beispiel 1: Luxemburg-Leaks

Vor wenigen Jahren gab es den Skandal Luxemburg-Leaks. Zu einer Zeit, als der ehemalige Präsident der Europäischen Kommission, Jean-Claude Juncker, noch Ministerpräsident in Luxemburg war, hat Luxemburg Großkonzerne mit geringen Steuersätzen ins Land gelockt. Sie wurden individuell vereinbart und lagen oft bei nur 0,8 %.

Konzerne wie Deutsche Bank, Eon, Apple, Pepsi, Ikea, Amazon und Disney haben ihre Gewinne nach Luxemburg verlagert. Der Zweck: Steuern vermeiden.

Die Vereinbarungen wurden im Geheimen zwischen dem Staat Luxemburg und den Konzernen geschlossen. Die Öffentlichkeit wurde unwissend gehalten. Nur durch ein Leck, daher der Name Luxemburg-Leaks, wurde der Skandal bekannt.

Die Dimensionen werden einem erst richtig bewusst, wenn man die Steuersätze dieser Großkonzerne mit denen eines normalen Bundesbürgers vergleicht. Sie bezahlen, je nach Einkommen, meist zwischen 14 % und 42 % Steuern, abgesehen von einem kleinen Freibetrag. Das ist ein Vielfaches von dem Steuersatz eines deutschen Konzernes, der in Luxemburg für die in Deutschland erzielten Gewinne nur 0,8 % Steuern bezahlt. Das ist ein Skandal unbeschreiblichen Ausmaßes.

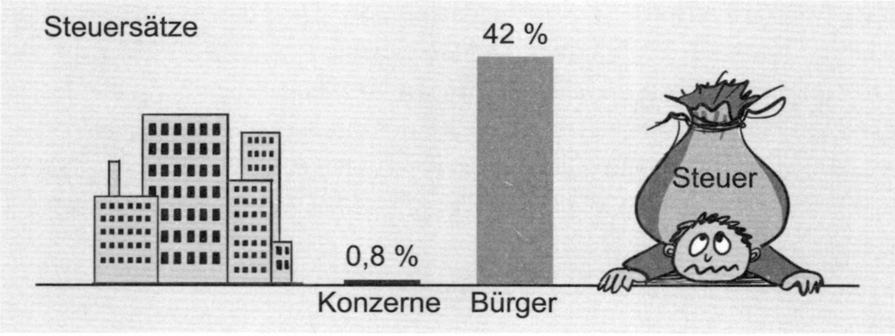

Der einfache Bürger wird belastet. Viele kämpfen mit ihren Familien täglich um das Überleben und mit hohen Steuersätzen. Konzerne können ihre Milliardengewinne fast unversteuert behalten.

Das wirklich Traurige daran ist aus meiner Sicht, dass es legal ist und die Konzerne somit keine Strafe fürchten müssen.

Deshalb nenne ich das legalen Steuerbetrug. Anders kann man das wohl auch kaum nennen. Der Staat macht mit Konzernen Verträge, hält sie geheim, um die Öffentlichkeit ruhig und dumm zu halten.

Parallel besteuert man die Bürger über ihre Verhältnisse und versucht ihnen weiszumachen, dass sie auf ihr liebgewonnenes Bargeld verzichten sollen. Der Deckmantel dafür ist das Märchen, Bargeld wäre die Ursache von Steuerbetrug. Bei dieser Argumentation stehen mir die Haare zu Berge. Mir scheint, dass in unserer Gesellschaft etwas ganz gewaltig schiefläuft.
Zurück zum Thema: Wird dieser legale Steuerbetrug mit Bargeld durchgeführt? Nein, Bargeld spielt hier überhaupt keine Rolle. Er ist im Gegenteil nur möglich durch Giralgeld.

Beispiel 2: Share Deals

Bei einem Immobilienkauf fallen bis zu 6,5 % Grunderwerbsteuer an. Bei einem Kaufpreis von 300.000 Euro müssen Sie also mit 19.500 Euro Steuern rechnen. Wenn ein Konzern eine Immobilie für 1 Milliarde Euro kauft, müsste er normalerweise dann entsprechend 65 Millionen Euro Grunderwerbsteuer bezahlen. Das kann er jedoch mit entsprechender Vertragsgestaltung umgehen. Schon sind auf Kosten der restlichen Bevölkerung 65 Millionen Euro Steuern gespart.

Steuersätze beim Kauf einer Immobilie

	Konzerne	Bürger
Kaufpreis	1.000.000.000 €	300.000 €
Grunderwerbsteuer (6,5 %)	65.000.000 €	19.500 €
Tatsächlich gezahlte Steuern	0 €	19.500 €

Das sind nur zwei Beispiele, wie legaler Steuerbetrug in der Realität abläuft. Diese Art von legaler Steuerhinterziehung findet in großem Stil statt. Insbesondere bei multinationalen Konzernen. Sie können durch ihre Lobbyarbeit die Gesetze in Brüssel, Berlin oder sogar weltweit steuern und beeinflussen. Es wird vermutet, dass allein in Brüssel 25.000 Lobbyisten aktiv sind. Ein Großteil davon für die Finanzindustrie.

Es entsteht eine Art Ausplünderungskreislauf:

In Vietnam wird produziert; man bekommt dort staatliche Investitionszuschüsse, greift auf billige Arbeitskräfte zu und kann entsprechend günstig produzieren. Die dort billig produzierten Produkte werden dann in Deutschland teuer verkauft und die Gewinne werden am deutschen Staat vorbei in Steuerparadiese transferiert.

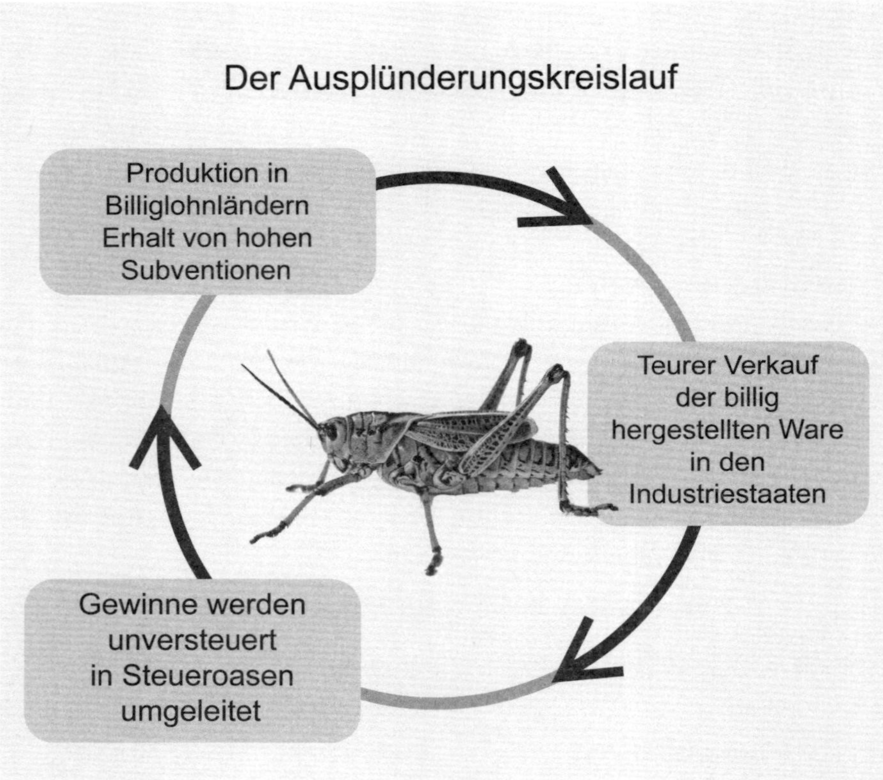

Welche Rolle spielt hierbei Bargeld? Auch hier spielt es keine Rolle.
Wenn man diese Fakten bedenkt, kommt auch hier die Frage auf, ob vielleicht mit der Abschaffung des Bargeldes andere Ziele als vorgegeben verfolgt werden.

Fazit: Steuerhinterziehung findet vor allem bei multinationalen Konzernen statt. Bargeld spielt dabei so gut wie keine Rolle.

Ohne Bargeld gäbe es weniger Kriminalität

In den Medien wird das Bargeld oft in Verbindung mit Kriminalität gebracht. Das Motto lautet: Nur Kriminellen nutzt Bargeld.
Mal ist der Aufhänger Korruption, mal Geldwäsche. Ein anderes Mal geht es um Wirtschaftskriminalität. Beim Lesen dieser Berichte bekommt man das Gefühl, dass die Abschaffung des Bargeldes die Lösung aller Probleme und regelrecht alternativlos ist. Nur damit könne Kriminalität eingeschränkt und effektiv bekämpft werden.

Stimmt das? Welchen Einfluss hat das Bargeld auf die Kriminalität? Wie weit würde sie sich verringern, wenn das Bargeld abgeschafft würde?
Hierzu möchte ich einige Aussagen aus dem EU-Monitor der Deutschen Bank »Bargeld, Freiheit und Verbrechen« zusammenfassen:

Kriminalität
Durch Einschränkung der Bargeldnutzung wäre ein Rückgang der Kriminalität zwar wahrscheinlich, würde aber eher gering ausfallen.

Schattenwirtschaft
Die Abschaffung des Bargeldes würde die Schattenwirtschaft nicht beseitigen. So könnte die Größe der Schattenwirtschaft um geschätzt 2–3 % verringert werden.

Internationale organisierte Verbrechen
Die Einschränkung der Nutzung und des Umlaufs von Bargeld würde nur zu einem mäßigen Rückgang (10–20 %) der internationalen Kriminalität führen.

Auf der nächsten Seite dazu Aussagen von zwei Experten, die zum Bargeldverbot befragt wurden:

1) Gerhard Schmelz, Professor für Kriminalwissenschaften in Wiesbaden:

> *»[...] das macht organisierter Kriminalität nichts aus. Denn der Zugriff des Geldes durch organisierte Kriminalität ist ja [...] meist durch eigene Banken gewährleistet. [...] die organisierte Kriminalität lacht darüber, dass wir solche Gedanken haben und uns einbilden, wir könnten durch solche Maßnahmen organisierte Kriminalität bekämpfen. Das wird so nicht gelingen.«*

2) Herr Prof. Friedrich Schneider, Experte für Schattenwirtschaft an der Universität Linz, sagte einmal in einem Interview:

> *»Wenn wir wirklich Bargeld rasch und total abschaffen, dann gibt es eine leichte Reduktion von Schwarzarbeit von vielleicht 5 %, es gibt eine ganz leichte Reduktion von Kriminalität von vielleicht auch 3 % und Terrorismus verhindert man damit in keinster Weise, denn Terroranschläge sind effizient und kostengünstig und das bisschen Bargeld, was ich dafür verwende, das kann ich mir jederzeit beschaffen oder ein Bargeldersatz. Also solange man die Ursache nicht beseitigt, warum schwarzgearbeitet wird oder warum es Kriminalität gibt, wird die Abschaffung von Bargeld gar nichts bis wenig bringen, um diese Kriminalitätsdelikte zu reduzieren.«*

All diese Aussagen geben uns einen Hinweis darauf, dass die Abschaffung des Bargeldes nicht das viel gepriesene und gewünschte Ergebnis bringen würde. Das wird noch klarer, wenn man das Thema Kriminalität aus einer grundsätzlichen, vielleicht sogar philosophischen Sicht betrachtet.
Das will ich nachfolgend tun.

Kriminalität sucht sich ihren Weg

Wir leben in einer Gesellschaft, die tausende und abertausende Gesetze hat. Wir leiden sicherlich nicht an einem Mangel an Gesetzen. Es gibt fast nichts, was nicht gesetzlich geregelt ist. Wir haben eine Vielzahl an

staatlichen Institutionen und auch an Kontrollmechanismen besteht sicher kein Mangel. Dazu zählen Polizei, Zoll, Gerichte, Kontrollmitteilungen zwischen den Behörden und vieles mehr. Sie sollen dafür sorgen, dass das Gesetz eingehalten wird.
Lassen sich Kriminelle davon bisher abhalten? Nein! Ein Krimineller sucht immer nach Wegen, die Gesetze und Kontrollmechanismen zu umgehen.

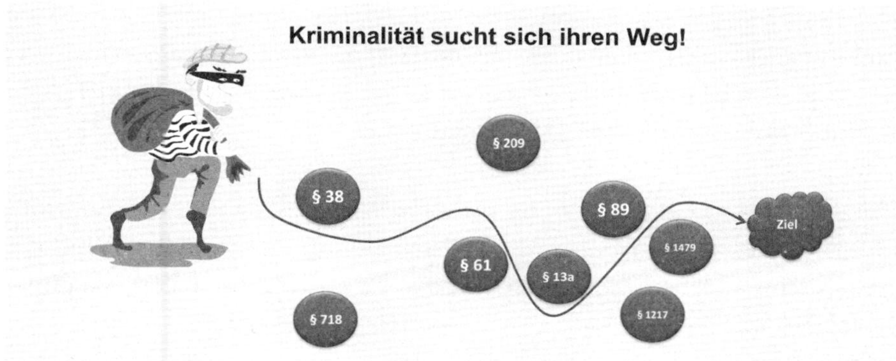

Wie würde nun ein Krimineller reagieren, wenn neue Gesetze wie z. B. ein Bargeldverbot oder neue Kontrollmechanismen eingeführt werden würden? Würde er seine kriminellen Handlungen deswegen einstellen?
Nein, er wird in der Regel nach neuen Wegen und Mitteln suchen, sie zu umgehen. Bei Abschaffung des Bargeldes würde der Kriminelle schlicht auf andere, nicht kontrollierte Währungen oder Tauschmittel zugreifen. Er würde Edelmetalle wie Gold oder Silber einsetzen. Bitcoins oder Alternativwährungen, das islamische Hawala-Bankensystem oder eigene kontrollierte Banken würden zum Einsatz kommen.

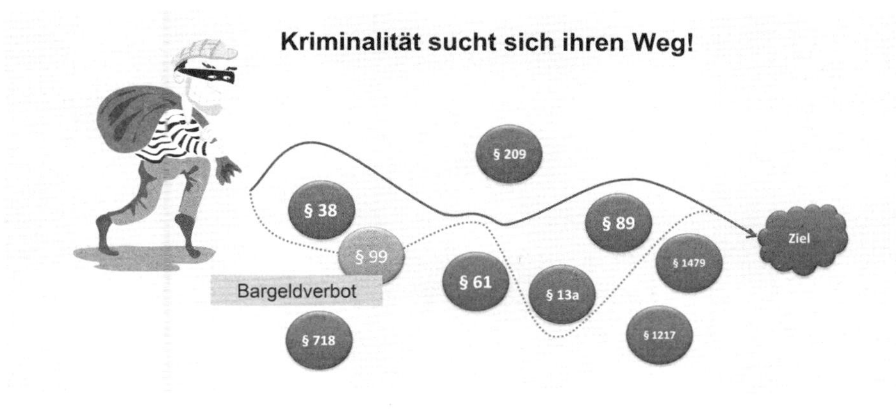

Kriminalität ist eine Geisteshaltung

Zu glauben, dass man Kriminalität durch mehr Gesetze oder mehr Kontrollmechanismen abschaffen kann, ist ein Irrglaube. Wenn wir dem folgen, wird unsere Gesellschaft automatisch in einem Kontrollstaat enden. Unsere Lösung für das Problem der Kriminalität ist seit Jahren immer die gleiche: noch mehr Gesetze. Noch mehr Kontrollen fordern und einführen. Das führt mit der Zeit zu immer mehr Gesetzen, immer mehr Kontrollen und immer weniger Freiheit für uns Bürger. Irgendwann – entscheiden Sie, wie weit dieser Punkt entfernt scheint – werden wir uns in einem totalen Kontrollstaat wiederfinden. Das scheint sicher.

Der Grund für Kriminalität ist nicht zu wenige Gesetze oder Kontrollmechanismen. Der Grund ist die Geisteshaltung, die Einstellung und das gedankliche Konzept eines Menschen, das ihn zu der kriminellen Handlung veranlasst.
Es gibt genügend Menschen, die beispielsweise der Überzeugung sind, dass der Staat von ihnen zu hohe Steuern verlangt. Jene suchen nach Wegen, den vermeintlich zu viel gezahlten Betrag auf Umwegen zurückzubekommen. Das beginnt bei geschönten Fahrtkosten in der Steuererklärung und geht bis zur Steuerhinterziehung in großem Ausmaß.

Ein weiteres Beispiel sind Menschen, die ein unausgewogenes, ja sogar krankes Verhältnis zu Austausch haben. Die also viel nehmen möchten, aber keine Bereitschaft haben, etwas zu geben.
Aus diesen gedanklichen Konzepten entsteht die kriminelle Energie, die nun nach Manifestation sucht. Im ersten Beispiel kann sie im Steuerbetrug, im zweiten im Diebstahl enden. Erst wenn dieser Mensch sich selbst ändert bzw. seine Einstellung hierzu, verschwindet auch die zugehörige kriminelle Energie.

Wenn man Kriminalität wirklich effektiv lösen und sie an der Wurzel anpacken möchte, wird man beginnen müssen, sich mit dem Menschen zu beschäftigen. Gesetze, Kontrollen und Gefängnisse können nur die Symptome lindern. Zu mehr sind sie nicht in der Lage.

Wenn man das verstanden hat, wird klar, dass es Irrsinn ist, die gesamte Bevölkerung unter Generalverdacht zu stellen und sie vorsorglich noch mehr zu überwachen und zu kontrollieren. Das geschähe nur, um Kriminelle, die weniger als 1 % der Bevölkerung ausmachen, etwas besser bekämpfen zu können. Das ist unverhältnismäßig.
Apropos: Man hat noch nie etwas dauerhaft verbessert, indem man das Negative bekämpft und nicht gleichzeitig dem Positiven die Kraft gegeben hat.

Fazit: Kriminalität ist eine Geisteshaltung und wird sich durch eine Bargeldabschaffung nicht beseitigen lassen.

Ein Bargeldverbot schützt vor Terrorismus

Die Angst vor Terrorismus ist heute in der Bevölkerung stark verankert. Gefühlt ist die Gefahr eines Terroranschlags sehr hoch. Anscheinend können wir jedoch dieser Gefahr begegnen, wenn wir das Bargeld abschaffen. Der Terrorismus würde dadurch verschwinden und Anschläge verhindert werden. Aber ist das auch so? Wie groß ist die Gefahr tatsächlich, auf Grund eines terroristischen Anschlags ums Leben zu kommen? Stimmt unser Gefühl mit der Realität überein? Um diese Frage zu beantworten, sollten wir Fakten sprechen lassen. Laut Statistik starben in Deutschland zwischen den Jahren 2000 und 2017 im Schnitt jährlich knapp 2 Personen auf Grund terroristischer Anschläge und Amokläufen. Wohlgemerkt: Amokläufe sind inbegriffen! Das ist für ein so großes Land wie Deutschland eine winzige Zahl.

TODESFÄLLE IN DEUTSCHLAND PRO JAHR	
Rauchen	120.000
Krankenhauskeime	40.000
Grippe	30.000
Verkehrsunfälle	3 500
Ersticken durch Verschlucken von Kugelschreiberteilchen	300
Terroranschläge inkl. Amokläufe (Durchschnitt 2000–2017)	2

Quelle der Zahlen für Todesfälle durch Terrorismus und Amokläufe: Global Terrorism Database

Es sterben in Deutschland durch Pilzvergiftung 3, durch Blitzschlag 7, durch Bienen- und Wespenstiche 20, durch das Verschlucken von Kugelschreiberteilchen 300 Menschen pro Jahr. Beim Essen ersticken 500 Personen.

Haben Sie das gewusst? Hierbei handelt es sich um Todesursachen, an die wir im täglichen Leben nicht denken und vor denen wir uns erst recht keine Sorgen machen. Verglichen mit den wirklich großen Zahlen bei den Todesursachen wie z. B. beim Rauchen, an dem allein 120.000 Menschen pro Jahr in Deutschland sterben, fallen jeweils nur 2 Todesfälle durch terroristische Anschläge nicht ins Gewicht.

Was passiert hier? Wie ist es möglich, dass unser Gefühl etwas komplett anderes aussagt als die nackten Zahlen? Warum wird hier aus einer Maus ein Elefant, ja sogar ein Dinosaurier gemacht?
Um eine Antwort zu finden, möchte ich einen Schweizer Historiker und Friedensforscher zu Wort kommen lassen, nämlich Herrn Daniele Ganser. Er sagte in einem Interview Folgendes:

> *»In der Geschichte spielt Terror eine zentrale Rolle und der kann durchaus manipuliert sein, nur braucht es eine gewisse Zeit, bis man das rekonstruieren kann. Nur bis man das rekonstruiert hat, sind die politischen Fakten längst geschaffen. Das ist der Nachteil des Historikers. Ich kann heute beweisen, dass wir z. B. in den 70er Jahren inszenierte Terroranschläge hatten, und dadurch kann heute jeder nachvollziehen, dass es inszenierten Terror gibt. Aber leider sind wir Historiker immer ein bisschen zu spät dran. Daher sollten wir uns durch keinen Anschlag zu irgendeiner politischen Haltung instrumentalisieren lassen.«*

Als Beispiel dazu können wir den Irakkrieg aus dem Jahr 2003 anführen. Die Argumentation für diesen Krieg war die Behauptung, dass Hussein Massenvernichtungswaffen und eine Verbindung zur Terrorgruppe Al Kaida hätte. Heute weiß man, dass dieser Vorwurf und Kriegsgrund falsch war und andere Absichten verfolgt wurden. Weit über 100.000 Menschen mussten in diesem Krieg sterben. Terrorismus wurde hier als Vorwand für andere

Ziele benutzt. Besser und genauer ausgedrückt, instrumentalisiert.
Wenn man die Fakten zusammenfügt, sieht man, dass das Argument Terrorismus häufig für andere Ziele benutzt und instrumentalisiert werden kann. Also auch, um die Bargeldabschaffung voranzutreiben.

Eine Abschaffung des Bargeldes wird den Terrorismus nicht im Geringsten verhindern. Bargeld spielt in diesem Zusammenhang kaum eine Rolle. Zusätzlich hat der Terrorismus die Eigenart, mit sehr wenig Geld auszukommen. Wenn ein Terrorist einen Lastwagen kapert oder anmietet und in eine Menschenmasse hineinfährt, was hat das nun mit Bargeld zu tun?

Fazit: Bargeld mit Terrorismus in Verbindung zu bringen ist höchst fraglich.

BARGELD UND GELDSYSTEM – VOGELPERSPEKTIVE UND BASISINFORMATIONEN

In diesem Kapitel möchte ich auf ein paar Begriffsbestimmungen eingehen, die für ein besseres Verständnis des Buches sehr wichtig und wertvoll sind. Wie immer werde ich es so einfach als möglich erklären.
Beginnen möchte ich damit, wie die Geldmenge in Deutschland aufgeteilt ist.

Wie ist die Geldmenge in Deutschland aufgeteilt?

Es existieren 2 Formen von Geld.
Die eine ist das Bargeld und die andere ist das Giralgeld.

Bargeld

Es ist das Geld, das wir mit unseren Augen sehen und unseren Händen anfassen können und das in Form von Scheinen und Münzen existiert. Dieses Geld wird direkt von den Zentralbanken der Euroländer in Umlauf gebracht. Nur ca. 10 % der gesamten Geldmenge sind heute noch Bargeld.

Giralgeld

Giralgeld, auch Buchgeld genannt, ist Geld, das wir nicht sehen und anfassen können. Also das Geld, das wir per Überweisung oder virtuell per PC oder Kartenzahlung transferieren. Sein Anteil an der Geldmenge beträgt heute bereits 90 %. Es ist leicht zu erkennen, dass Giralgeld dominant ist. Bargeld hingegen hat an Bedeutung verloren. Es findet sich mehr und mehr in der Defensive wieder.

Die Bedeutung des Bargeldes

In Deutschland hat Bargeld noch einen hohen Stellenwert. Das erkennt man u. a. daran, wie oft wir Bürger mit Bargeld bezahlen. 74 % aller unserer Zahlungsvorgänge erledigen wir mit Bargeld. Unter einem Zahlungsvorgang versteht man jeden Vorgang, bei dem Geld fließt, egal wie hoch der Betrag ist. Ob man nun für 30 Cent ein Brötchen oder für 30.000 Euro ein Auto kauft, spielt dabei keine Rolle. Beides ist jeweils ein Zahlungsvorgang.

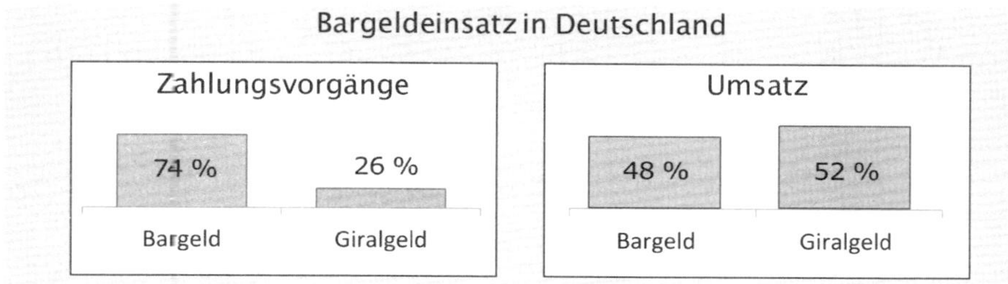

Quelle: Studie der Deutschen Bundesbank »Zahlungsverhalten in Deutschland 2017«

Betrachtet man den Umsatz, also das Gesamtvolumen der Zahlungen, sieht es anders aus: 48 % des Gesamtumsatzes wird mit Bargeld und 52 % mit Giralgeld erwirtschaftet.

In Schweden sieht die Welt schon ganz anders aus. Dort ist Bargeld fast gänzlich abgeschafft, wie die untenstehende Grafik deutlich aufzeigt.

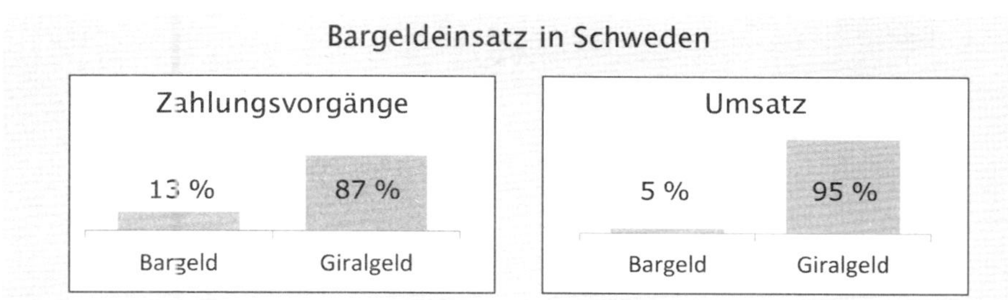

Quelle: Schwedische Reichsbank sowie abgeleitet aus IWF-Papier WP/19/46

Schweden ist der Vorreiter bei der Abschaffung des Bargeldes. Dort ist es nur noch eine Frage der Zeit, bis das Bargeld aus dem täglichen Leben gänzlich verschwunden ist.

Was ist eine Notenbank?

Eine Notenbank oder auch Zentralbank ist in der Regel eine staatliche, von der Politik unabhängige Institution, die die Währung eines Wirtschaftsraumes herausgibt. Sie hat das Geldmonopol. Das bedeutet, dass nur diese Bank das Geld drucken und in Umlauf bringen darf.

Die bedeutendste Notenbank ist die in den USA ansässige Fed (Federal Reserve Bank). Sie gibt den Dollar heraus. In Europa haben wir für den Euro die EZB (Europäische Zentralbank). Darüber hinaus existiert in jedem Land des Euroraumes eine eigene Notenbank. In Deutschland ist es die Deutsche Bundesbank, die früher für die Herausgabe der D-Mark verantwortlich war.

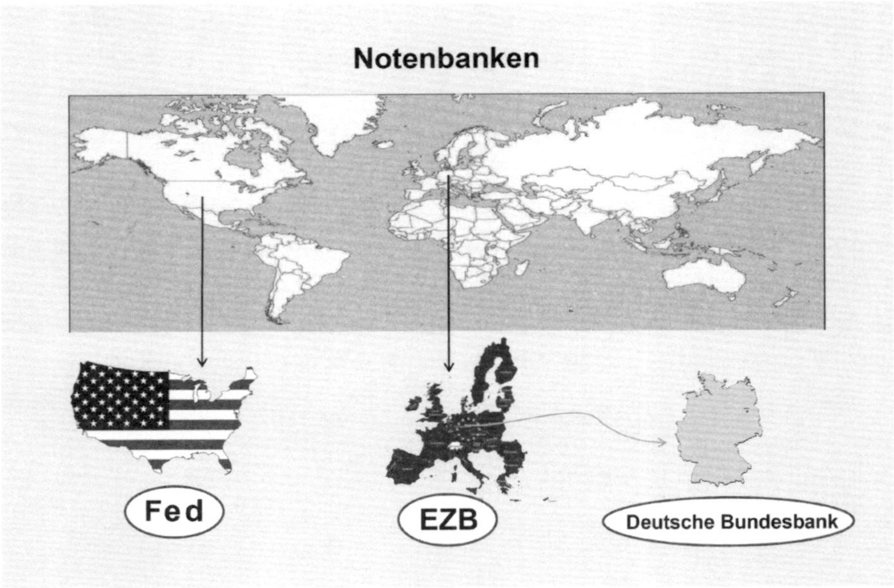

Was sind Negativzinsen?

Guthabenzinsen kennen Sie. Wenn wir bei der Bank ein Guthaben in Höhe von 1000 Euro haben und wir dafür 5 % Zinsen bekommen, dann haben wir am Ende des Jahres ein Guthaben von 1050 Euro auf dem Konto. Bei Negativzinsen ist genau das Gegenteil der Fall. Wenn man am Anfang des Jahres ein Guthaben von 1000 Euro hat und es mit Negativzinsen von 5 % belegt ist, sind am Ende des Jahres nur noch 950 Euro übrig.

	GUTHABENZINSEN	NEGATIVZINSEN
Guthaben am Jahresanfang	1000 €	1000 €
Zinssatz	5 %	5 %
Guthaben am Jahresende	1050 €	950 €

Die Idee der Negativzinsen kommt ursprünglich aus der alternativen Geldszene und ist schon über 100 Jahre alt. Dort heißen sie nicht Negativzinsen, sondern haben andere Namen wie Schwundgeld, Rostgeld, Freigeld, Haltegebühr, Umlaufsicherungsgebühr usw. Viele Namen für eine ähnliche oder identische Bedeutung. Die Grundidee war, eine Hortung von Geld zu vermeiden und den Geld- und Wirtschaftskreislauf, besonders in Wirtschaftskrisen, aufrechtzuerhalten.

Dieses Konzept haben nun die »modernen« Ökonomen wie z. B. Kenneth Rogoff, einer der größten Befürworter der Bargeldabschaffung, herausgegraben und preisen es als die optimale und alternativlose Lösung für zukünftige Wirtschaftskrisen an.

Um das zu erreichen, muss das Bargeld abgeschafft werden!

Die Idee der Negativzinsen, so wie sie die alternative Geldszene versteht, ist grundsätzlich nicht als schlecht zu bewerten. Sie stellt eine interessante Möglichkeit dar bei der Schaffung eines komplett neuen und besseren Geldsystems.

Aber dieses Konzept nun in unser aktuelles und auf vielen Ebenen äußerst fragwürdiges Geldsystem zu integrieren und dafür das Bargeld zu opfern, ist auf allen Ebenen mehr als zweifelhaft. Das aktuelle Geldsystem würde dadurch einen weiteren Schritt zu einem noch schlechteren Geldsystem machen.

Was sagen die Gesetze zu Bargeld?

Für Bargeld gibt es gesetzliche Grundlagen. So besagen mehrere Gesetze Folgendes:

> *»Banknoten sind im Euro-Währungsgebiet das einzige unbeschränkte gesetzliche Zahlungsmittel.«*

»Gesetzliches Zahlungsmittel« bedeutet, dass jeder Händler oder jeder, der etwas verkaufen möchte, verpflichtet ist, Bargeld in Form von Scheinen in unbeschränkter Höhe anzunehmen. (Bei Münzen verhält es sich etwas anders. Dort muss der Händler maximal 50 Münzen akzeptieren [§ 3 Abs. 1 MünzG].) Der Händler kann Bargeld also nicht ablehnen und eine Zahlung per Kredit- oder EC-Karte fordern. Wenn der Kunde mit Bargeld bezahlen möchte, muss er es annehmen. Kommt er dem nicht nach, begeht der Händler einen Rechtsbruch und kann dafür belangt werden.

Giralgeld hingegen ist im Euro-Währungsgebiet kein gesetzliches Zahlungsmittel. Das bedeutet, dass ein Händler nicht verpflichtet ist, Giralgeld, also eine Zahlung mit z. B. EC- oder Kreditkarte, anzunehmen. Diese gesetzliche Regelung gibt dem Bargeld eine gesellschaftliche Bedeutung und rechtlichen Schutz. Sie ist in den folgenden Gesetzen verankert:

- Bundesbankgesetz: § 14
- EU-Vertrag (AEUV): Art. 128
- Satzung der EZB: Art. 16

In einem Rechtsstaat bedeutet das, dass zuerst diese Gesetze geändert werden müssten, bevor das Bargeld eingeschränkt oder abgeschafft werden kann. Das ist alles andere als einfach.

Insbesondere eine Änderung der EU-Verträge ist bekanntlich außerordentlich schwierig, weil alle Staaten der EU ihr zustimmen müssen. Eine Bargeldabschaffung oder ein Bargeldverbot ist also nicht so einfach möglich. Die Gesetze sprechen hierzu eine klare und unmissverständliche Sprache.

Das ist zumindest die Theorie. Da die angeführten Gesetze so schwierig zu ändern sind, ist man dazu übergegangen, die bestehenden Gesetze einfach zu ignorieren oder sie entsprechend zu interpretieren. Welche Kraft sich dahinter verbirgt und wie raffiniert und subtil das geschieht, werde ich im Kapitel »Ist das Bargeld bereits verloren?« aufzeigen.

Point of Sale (PoS)

Bedeutet wörtlich übersetzt »Punkt des Verkaufs«. Damit ist der Ort gemeint, an dem sich der Verkauf abspielt, wo der Verkäufer also seine Ware oder Dienstleistung physisch präsentiert und der Käufer diese unmittelbar bezahlt, mitnehmen und nutzen kann.
Grundsätzlich gesehen spielen beide Zahlungsarten, also Giralgeld sowie Bargeld, für einen guten und reibungslosen Zahlungsablauf in unserer Gesellschaft eine wichtige Rolle. Für den Erhalt des Bargeldes ist es jedoch wichtig zu definieren, bei welchen Zahlungsvorgängen Bargeld von entscheidender Bedeutung ist.
Giralgeld hat vor allem dort seine Stärken, wo Verkäufer und Käufer weiter voneinander entfernt sind, also z. B. bei Onlinebestellungen, Warenbestellungen jeglicher Art sowie bei Bezahlung von Versicherungen, Telefon und Miete. In diesen Fällen wird das Geld in der Regel per Überweisung oder mit anderen digitalen Zahlungsarten wie z. B. PayPal bezahlt. Hier hat das Giralgeld seine Stärken und eine hohe Bedeutung.

Bargeld hingegen spielt in den Bereichen eine wichtige Rolle, wo der Verkäufer seine Waren oder Dienstleistungen physisch präsentiert und der Käufer sie auch gleich mitnehmen oder nutzen kann. Diesen Punkt nennt man, wie schon vorhin erwähnt, üblicherweise »Point of Sale«.
Hierzu zählen Läden, die beispielsweise Lebensmittel, Getränke, Kleider, Möbel, Tabak, Bücher und Zeitschriften, Blumen, Fahrräder, Elektrogeräte, Haushaltswaren, Geschenke, Schmuck, Schuhe oder Ähnliches verkaufen. Aber ebenso gehören Dienstleister wie z. B. Gaststätten, Friseure oder Kinobetreiber dazu.

Wenn ich in diesem Buch über den Erhalt des Bargeldes spreche, so beziehe ich mich insbesondere auf diesen Bereich. Also auf den Point of Sale (PoS). Hier haben wir aktuell noch die Entscheidung darüber in der Hand, womit wir bezahlen. Es ist wichtig, dass wir diese Option der Bargeldzahlung auch weiterhin haben.

WAS DROHT UNS OHNE BARGELD?

Aktuell existieren 2 Geldarten. Die eine ist das Bargeld und die andere das Giralgeld. Auf beide können wir heute jederzeit zugreifen. Eine Abschaffung des Bargeldes würde bedeuten, dass wir nur noch mit Giralgeld bezahlen könnten. Die Folgen daraus wären gewaltig und sind den wenigsten Menschen bekannt oder bewusst.

Daher möchte ich jetzt darauf eingehen, welche Konsequenzen das für unser Geld und damit auch für uns hätte.

Wir erhalten schlechteres Geld

Giralgeld unterliegt einem Insolvenzrisiko

Giralgeld ist Geld, das wir physisch nicht anfassen können. Es existiert nur in unseren Computersystemen. Also, alles Geld, das wir auf unseren Konten bei einer Bank haben, ist Giralgeld.
Mit diesem Geld haben wir eine Forderung gegenüber unserer Bank. Wenn wir z. B. 1000 Euro auf unserem Konto bei der Bank liegen haben, können wir jederzeit unser Geld von ihr zurückfordern. Entweder indem wir mit einer Überweisung das Geld auf eine andere Bank transferieren oder indem wir es uns in Form von Bargeld ausbezahlen lassen. Beide Wege stehen uns offen und die Bank muss dem nachkommen.

Was passiert mit unserem Geld, wenn die Bank in Schwierigkeiten kommt oder sogar zahlungsunfähig oder insolvent ist?
Bei einer Insolvenz der Bank kann diese ihren Verpflichtungen, z. B. gegenüber ihren Sparern, nicht mehr nachkommen. Dadurch verlieren die Sparer ihr Geld. Die Forderungen gehen in die Insolvenzmasse. Ihr Geld ist vereinfacht gesagt damit verloren gegangen.

Es gibt staatliche Garantien und diverse Sicherungseinrichtungen wie z. B. den Einlagensicherungsfonds, die das Sparguthaben der Kunden absichern sollen.
Sie werden völlig überschätzt. Diese Garantien und Fonds stehen zwar auf dem Papier, können jedoch bereits bei einer mittelgroßen Bank die Sparguthaben der Kunden nicht annähernd ausgleichen.

Sie glauben, auf ihr Bankguthaben kann nicht zugegriffen werden?
Es wurde vor geraumer Zeit schon praktiziert. Beispielsweise wurde bei der Bankenkrise in Zypern 2012 alles Sparvermögen über 100.000 Euro bei den in Not geratenen Banken zu 60 % eingefroren. Dieses Geld wurde dann zum großen Teil für die Bankenrettung verwendet.
Giralgeld unterliegt somit einem nicht zu unterschätzenden Insolvenzrisiko. Und je instabiler unser Geld- und Bankensystem ist, umso höher ist das Risiko.

Bargeld hat kein Insolvenzrisiko

Bargeld ist keine Forderung gegenüber einer normalen Bank. Es liegt nicht auf der Bank, sondern ist in unseren Händen und somit in unserem direkten Einfluss. Zudem wird Bargeld von den Notenbanken, also der EZB bzw. der Deutschen Bundesbank, gedruckt und herausgegeben und kann als eine Forderung gegenüber diesen Institutionen angesehen werden. Und da diese Institutionen staatliche Einrichtungen sind, könnte Bargeld möglicherweise sogar als eine Forderung gegenüber dem Staat betrachtet werden.

Aber in der Realität hat Bargeld eine noch viel größere Bedeutung!

Wenn wir z. B. einen 50-Euro-Schein nehmen, können wir in den nächsten Laden gehen und die dort angebotenen Produkte kaufen. Dieser Schein ist nicht nur eine Forderung gegenüber einer Notenbank, sondern er ist eine Forderung gegenüber allen Produkten, allen Dienstleistungen, allen Werten, die unsere Gesellschaft zum Verkauf anbietet. Wir können also mit Bargeld immer auf alle Früchte, die unsere Gesellschaft hervorbringt und zum Verkauf anbietet, zugreifen. Egal wie viele Banken insolvent gehen, mit Bargeld habe ich immer einen Anspruch auf die Produkte und kann sie damit erwerben. Lediglich eine Währungsreform könnte daran etwas ändern. Ein gewaltiger Unterschied zum Giralgeld.

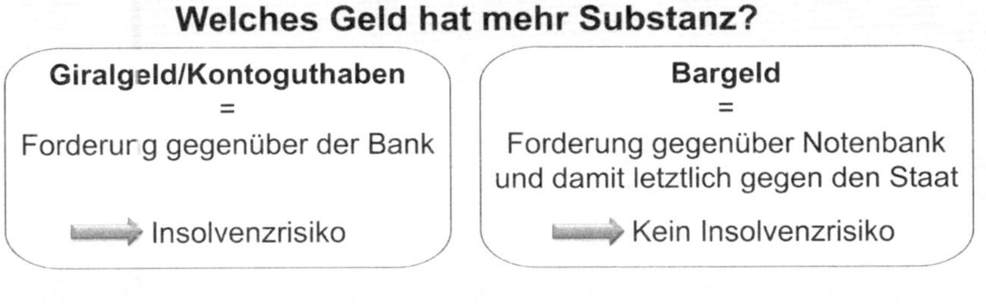

Fazit: Bargeld unterliegt keinem Insolvenzrisiko. Es ist somit Geld mit einer viel höheren Sicherheit und Substanz. Man bekommt immer so viel, wie auf dem Schein draufsteht.

Negativzinsen und Enteignungen

Wenn das Bargeld abgeschafft ist, gibt es für uns nur noch die Möglichkeit, das schlechtere Geld, nämlich das Giralgeld, zu nutzen. Wir haben also die Wahlfreiheit verloren, unser Giralgeld in Bargeld umzutauschen und es bei einer anstehenden Bankenpleite in Sicherheit zu bringen.
Das hat gravierende Folgen.

Negativzinsen

Durch die Abschaffung des Bargeldes ist der Weg für Negativzinsen oder Teilenteignungen geebnet. Die Banken, Notenbanken oder der Staat können nun jederzeit Negativzinsen einführen. Denn den größten Konkurrenten des Giralgeldes, das Bargeld, hat man ja eliminiert.

Die Banken z. B. müssen dann nicht mehr fürchten, dass der Bürger ins Bargeld flüchtet, um die Negativzinsen zu umgehen. Bei einem Negativzins von 5 % wäre ein Sparvermögen von 100.000 Euro nach einem Jahr nur noch 95.000 Euro wert, im Jahr darauf 90.205 Euro usw.

Der Bürger könnte sich nicht mehr dagegen wehren. Die Machthaber entscheiden dann darüber, wie viel Geld uns bleiben wird. Das nennt man Willkür. Gleichzeitig bedeutet es für die Steuerbehörden ungeahnte neue Möglichkeiten, jederzeit neue Einnahmen zu generieren, indem sie eine Teilenteignung beliebiger Höhe per Knopfdruck durchführen.

Undenkbar? Weit gefehlt. Im Jahr 2013 hat der IWF vorgeschlagen, eine 10-prozentige Sondersteuer auf Sparguthaben zu erheben. Erst die Abschaffung des Bargeldes macht so etwas möglich. Dann können solche Vorschläge in vollem Umfang und ohne Gegenwehr umgesetzt werden.

Was sollen Negativzinsen bewirken?

Weltbekannte Ökonomen wie Kenneth Rogoff und Willem Buiter sehen Negativzinsen als die Patentlösung an, um das aktuelle Wirtschafts- und Finanzsystem dauerhaft am Leben zu halten und auch zukünftige Wirtschaftskrisen zu verhindern. Nur das böse Bargeld hindert sie daran, das durchzusetzen.

Begründet wird der Sinn der Negativzinsen damit, dass bei einer Wirtschaftskrise die Bevölkerung ihr Geld zurückhält und somit der Geldfluss wie der Konsum ins Stocken gerät. Die Aufträge der Wirtschaft sinken, ein Preisdumping beginnt, die Unternehmen geraten in die Verlustzone, Mitarbeiter müssen entlassen werden und die Wirtschaft gerät in Gefahr, Schaden zu nehmen oder sogar zu kollabieren.

Um das zu verhindern, möchte man mit dem Negativzins das Geld künstlich entwerten, um die Bevölkerung dazu zu bewegen, mehr zu konsumieren und somit die Wirtschaft zu beleben. In diesem Zusammenhang sind Negativzinsen in Höhe von 2 bis 8 % pro Jahr im Gespräch.

So weit hört es sich ja ganz plausibel und ehrenhaft an. Eine solche Systemveränderung bringt jedoch eine gewaltige Machtverlagerung zu Lasten der Bürger und zu Gunsten weniger Machthaber mit sich. Auf diesen Aspekt werde ich im Laufe des Buches noch ausführlich eingehen.

Das größte Problem der Negativzinsen möchte ich nicht auslassen:

Der Planet geht zugrunde

Wussten Sie, dass wir für unseren weltweiten Konsum mehr Rohstoffe verbrauchen, als unsere Erde produzieren kann? Genau gesagt das 1,5-Fache. Das geht natürlich nur, weil wir von der Natur mehr nehmen, als sie selbst wieder reproduzieren kann. So greifen wir schon seit Jahrzehnten auf deren Ressourcen zu und plündern sie systematisch aus.

Wir zerstören unseren Planeten. Wir tun das, indem wir die Urwälder roden, die Bodenschätze ausplündern, den Tieren den Lebensraum nehmen, wodurch viele Tier- und Pflanzenarten aussterben, und so weiter.
Die anfänglichen Auswirkungen davon spüren wir mehr und mehr in Form von Umweltkatastrophen, Ernteausfällen wegen Dürreperioden etc.
Nun sagen uns hochbezahlte Ökonomen, dass die Negativzinsen das Ei des Kolumbus sind, damit dauerhaft die Wirtschaft wachsen kann.
Sie könnten es genauso gut so sagen:

> *»Zerstört weiterhin die Erde, mit Negativzinsen können wir das sogar garantieren und beschleunigen. So können wir noch schneller die Menschheit und das Leben auf der Erde auslöschen.«*

Ich kann mir nicht vorstellen, dass die Ökonomen dieses Resultat wünschen, aber letztendlich läuft ihr Vorschlag der Negativzinsen darauf hinaus.

Das Dogma Wirtschaftswachstum ist eine Illusion, die in die Katastrophe führen wird. Unser aktuelles Geld- und Wirtschaftssystem erzeugt einen stetigen Zwang, immerwährend zu wachsen, um den Schuldenverpflichtungen nachkommen zu können. Einerseits sammelt sich das Geld bei Milliardären und auf der anderen Seite leben Milliarden an Menschen in bitterer Armut. Wir sind so stark in den Zins- und Schuldenverpflichtungen gefangen, dass jeder mit seinem täglichen Leben und Überleben so beschäftigt ist, dass wir nicht einmal merken, dass dabei unser wunderschöner Planet Erde kaputtgeht.

Wie in einem Hamsterrad gefangen rennen wir immer schneller, um irgendwie Wirtschaftswachstum zu erzeugen. Das wird uns seit Jahrzehnten so mantramäßig von diversen Machthabern und Wirtschaftsbossen vorgebetet, dass weder die Politiker noch wir selber das reflektieren und in Frage stellen. Währenddessen geht unser Planet zugrunde und wir nehmen es nicht wahr.

Grundsätzlich gesehen ist Produktion und Wirtschaftswachstum überhaupt nichts Schlimmes. Ganz im Gegenteil, eine gute Produktivität ist die Basis dafür, dass ausreichend Güter und Produkte erzeugt werden und wir genügend Überfluss haben. Wir müssen dadurch nicht im Mangel leben. Aber ein unkontrolliertes Wachstum, wie es z. B. auch bei einem Krebsgeschwür der Fall ist, bringt langfristig allergrößte Not für alle Lebewesen auf der Erde mit sich.
Wir müssten uns daher schon längst mit der Frage beschäftigen, wie wir zu einem kontrollierten Wirtschaftswachstum gelangen können, das auch die Bedürfnisse der Natur berücksichtigt. Dass wir vielleicht zukünftig mehr qualitativ anstatt quantitativ wachsen. Das ist die eigentliche Aufgabenstellung. Und die Lösung liegt nicht darin, mit Negativzinsen den Konsum künstlich anzufeuern, damit die Bevölkerung sinnlos Waren kauft und konsumiert, die sie eigentlich nicht braucht und nicht nutzen möchte.

Das ist auch nicht die Idee der Wirtschaft. Ihre Grundidee ist nur, die Produkte zu produzieren, die Menschen auch wirklich nachfragen und haben wollen und die der Gesellschaft und dem Leben im Gesamten einen hohen Nutzen bringen. Negativzinsen fördern die Produktion von sinnlosen Gütern, die keiner braucht, will und unter normalen Umständen nicht nachfragt. Die Wirtschaft ist nicht ein Selbstzweck, der immer am Laufen gehalten und immer größer und mächtiger werden muss, sondern verfolgt ein gemeinnütziges Ziel. Die Wirtschaft muss dem Leben dienen und nicht umgekehrt.

Wie schon erwähnt ist die Idee der Negativzinsen nicht neu, sondern schon über 100 Jahre alt. Diese Idee hat vermutlich sogar eine Berechtigung, wenn wir ein komplett neues Geld- und Wirtschaftssystem haben, das ein kontrolliertes Wirtschaftswachstum garantiert und möglich macht. Das also auch den Bedürfnissen dieser Erde, der Natur und den Menschen entspricht.

Aber jetzt den Ökonomen zu folgen und auf der Basis des aktuellen und auf allen Ebenen fragwürdigen Geld- und Wirtschaftssystems Negativzinsen zu implementieren, wäre eine Katastrophe. Es würde dringend erforderliche Reformen verhindern und althergebrachte Machtstrukturen über Generationen hinweg verfestigen.

Ausfall digitaler Zahlungssysteme

Eines Abends wollte ich in einem Einkaufsmarkt noch Lebensmittel einkaufen. Als ich den Markt betrat, war irgendetwas anders als sonst. Auf dem Weg zur Kasse wurde mir schnell klar, dass etwas nicht stimmen konnte. Die Menschenschlange war so lange, wie ich sie noch nie in einem Laden erlebt habe; sie reichte fast durch den ganzen Einkaufsmarkt. Die Kassierer waren in voller Aufregung und die Kunden in der Schlange gereizt.

Ein Hauch von Panik kam bei mir auf: Handelt es sich hier um Hamsterkäufe? Ist eine Katastrophe passiert, von der ich noch nichts erfahren habe?

Dann eine Durchsage: »Sehr verehrte Kunden, es tut uns leid, Ihnen mitteilen zu müssen, dass unser Kartenbezahlsystem ausgefallen ist. Zahlungen mit EC- und Kreditkarten sind aktuell nicht möglich. Wir werden umgehend weitere Kassen öffnen, bei denen Sie bar bezahlen können. Wir bitten um Ihr Verständnis.«

Da ich selber Barzahler bin, konnte ich meinen Einkauf dann nach längerem Warten bezahlen. Ich konnte jedoch einige Menschen beobachten, die ihren Einkauf abgebrochen haben, weil sie kein oder zu wenig Bargeld dabeihatten.

Diese Geschichte gibt Ihnen einen kleinen Einblick darin, wie anfällig das digitale Zahlungssystem ist und welche Konsequenzen das für Sie hat. Das digitale Zahlungssystem kann z. B. durch Stromausfall, Hackerangriffe oder Computerviren komplett ausfallen, aber auch bewusst lahmgelegt werden. Der Austausch in der gesamten Gesellschaft, ob international, regional oder sogar zwischen einander nahestehenden Personen, ist dann in Form von Geld nicht mehr möglich. Der Austausch steht still. Die Gesellschaft erstarrt und wird bewegungslos.

Bargeld ist viel resistenter als Giralgeld

Besonders in Ausnahmesituationen wie Krieg, Naturkatastrophen, Banken- oder Schuldenkrisen hat sich Bargeld in der Vergangenheit bewährt. Es ist das resistenteste und stabilste Geld, das unsere Gesellschaft aktuell zur Verfügung hat. Nicht ohne Grund hat die Bundesregierung im Jahr 2016 den Bürgern empfohlen, Lebensmittel für 10 Tage und darüber hinaus etwas Bargeld zu bunkern.

Auf dem Höhepunkt der Griechenlandkrise konnte man beobachten, welche Auswirkungen es auf die Leute hat, wenn sie kein Bargeld zur Verfügung haben: Beispielsweise kamen in der Krise auch die Krankenkassen in große Zahlungsschwierigkeiten. Die Ärzte behandelten ihre Patienten, bekamen jedoch ihre erbrachten Leistungen von den Krankenkassen nicht mehr oder viel zu spät erstattet. Daraufhin haben die Ärzte nur noch die Patienten behandelt, die ihre Arztrechnung sofort bar in der Arztpraxis bezahlen konnten. Patienten, die kein Bargeld hatten, haben somit keine Arztbehandlung mehr erhalten. Das war ein bedrohlicher Einschnitt in die Gesundheitsversorgung der Bevölkerung.

Aber auch griechische Unternehmen waren auf Grund der Bankenkrise nicht mehr in der Lage, Waren im Ausland einzukaufen. Denn eine Überweisung ins Ausland war wegen der Kapitalverkehrskontrollen nicht mehr möglich. Jene Unternehmer jedoch, die Bargeld hatten, konnten mit ihrem Lkw ins Ausland fahren und die Waren dort vor Ort beziehen, weil sie sie gleich bar bezahlen konnten. Einige Unternehmer hat das vor dem Bankrott gerettet.

Das sind nur ein paar wenige Beispiele, welche Wichtigkeit Bargeld in einer Krise hat. Und meine Beispiele behandeln »nur« die Griechenlandkrise. Größere Krisen haben ganz andere Dimensionen in ihrer Auswirkung. Wenn Menschen nicht mehr das kaufen können, was sie täglich zum Überleben brauchen, sind Plünderungen, Gewalt und Anarchie die automatische Folge.

Bewusster Einfluss auf Länder und Personen

Wenn es nur noch Giralgeld gibt, kann jeder, ob Einzelperson, Organisation oder ganzer Staat, vom Zahlungsverkehr bewusst und gezielt ausgegrenzt werden. So ist das z. B. WikiLeaks passiert. Sie haben sich durch Spendengelder finanziert. Von ihnen wurden sie abgeschnitten, weil US-amerikanische Zahlungsabwickler wie Visa und Mastercard diese Spendengelder monatelang blockiert haben. Auf diese Art können Systemkritiker leicht ausgeschaltet werden. Und das, was mit Einzelpersonen und Organisationen wie WikiLeaks möglich ist, geht natürlich auch mit ganzen Staaten. Währungskriege oder sogar Währungsembargos gegenüber Ländern laufen schon seit vielen Jahren in digitaler Form ab.
Die modernen Kriege werden nicht mehr mit herkömmlichen Waffen, sondern über die Kontrolle und Beeinflussung des Geldsystems geführt. Man destabilisiert das Finanzsystem des feindlichen Landes durch Spekulation, durch Hackerangriffe oder durch ein Währungsembargo und macht die Länder gefügig. Das ist die moderne Kriegsführung, die im Hintergrund und fast unter Ausschluss der Öffentlichkeit abläuft. Sie ist viel billiger, wirksamer und effektiver als der offen geführte Krieg.

Und zudem braucht man dafür meist keine demokratischen Entscheidungen. Bargeld steht dem natürlich im Wege.

Fazit: Digitale Zahlungssysteme sind manipulierbar und können jederzeit ausfallen und dadurch den Austausch weltweit lahmlegen. Bargeld ist insbesondere in einer Krise unersetzlich.

Nach dem Bargeldverbot folgt das Goldverbot

Heute wird für eine Abschaffung des Bargeldes argumentiert, dass man Terrorismus, Steuerhinterziehung und ähnliche Probleme nur mit einem Bargeldverbot effektiv bekämpfen kann. Nach der Abschaffung des Bargeldes wird man jedoch feststellen, dass Kriminelle auf andere Währungen und Tauschmittel wie Gold, Silber oder Bitcoins umgestiegen sind. Das ist bereits heute zum Großteil der Fall.

Stellen wir uns vor, dass das Bargeld abgeschafft wäre und ein terroristischer Anschlag verübt wird. Es wird festgestellt, dass die Terroristen mit Gold bezahlt haben. Was wird dann passieren? Es beginnt die genau gleiche Argumentation, die wir schon heute bei der Bargeldabschaffung hören: Terroristen können wir nur bekämpfen, wenn wir den Goldbesitz verbieten. In unserer Geschichte gibt es viele Beispiele eines Goldverbotes, z. B. in Deutschland, den USA, Indien, Großbritannien.

Ein Goldverbot würde dem Bargeldverbot folgen. Denn es geht nur vordergründig um ein Bargeldverbot. Dahinter liegt ein übergeordnetes Ziel verborgen: die Zerstörung jedes Geldes, das nicht vom Staat oder den Mächtigen kontrolliert wird. Aus diesem Blickwinkel heraus ist das Bargeldverbot nur ein Etappenziel.

Letzten Endes ist ein verborgener Krieg im Gange. Jedes Zahlungsmittel muss eliminiert werden, das frei und nicht kontrollierbar ist. Im Fokus stehen somit Gold, Silber, andere Edelmetalle, Regionalwährungen, Bitcoins und natürlich das Bargeld.

Bargeld ist der Fels in der Brandung und der größte Gegner. Denn es hat eine rechtliche Verankerung und zusätzlich hohe Akzeptanz in der Gesellschaft. Wenn man jedoch diesen Fels eliminiert hat, ist es ein Leichtes, auch noch die anderen freien und unkontrollierten Währungen zu beseitigen.

Einige meinen, dass es kein Problem wäre, wenn es kein Bargeld mehr gibt, da man ja dann auf anonyme Bitcoins umsteigen könne. Das ist leider ein folgenschwerer Irrtum. Ab dem Zeitpunkt, an dem der Bitcoin eine bestimmte Größe erreicht hat oder für das aktuelle Geldsystem eine Gefahr darstellt, wird man ihn regulieren, seine Anonymität beseitigen, ein staatliches Monopol daraufsetzen oder sogar verbieten.
Tendenzen hierzu sind bereits heute ganz klar zu erkennen. Bitcoins haben nicht im Ansatz ein so gutes gesetzliches Fundament, wie es das Bargeld hat, im Gegenteil. Weil es ein digitales Zahlungsinstrument ist, sind diese Maßnahmen leicht durchzuführen.

Fazit: Ein Bargeldverbot ist nur der Anfang. Das eigentliche Ziel ist, alle Zahlungsmittel, die frei und nicht kontrollierbar sind, zu eliminieren. Ein Goldverbot wäre der nächste Schritt.

Giralgeld hinterlässt eine elektronische Spur

Jede Zahlung, die man digital tätigt, wird dokumentiert. Ort, Zeitpunkt, Anlass und die Höhe der Zahlung werden gespeichert. Sie hinterlässt dadurch eine elektronische Spur.

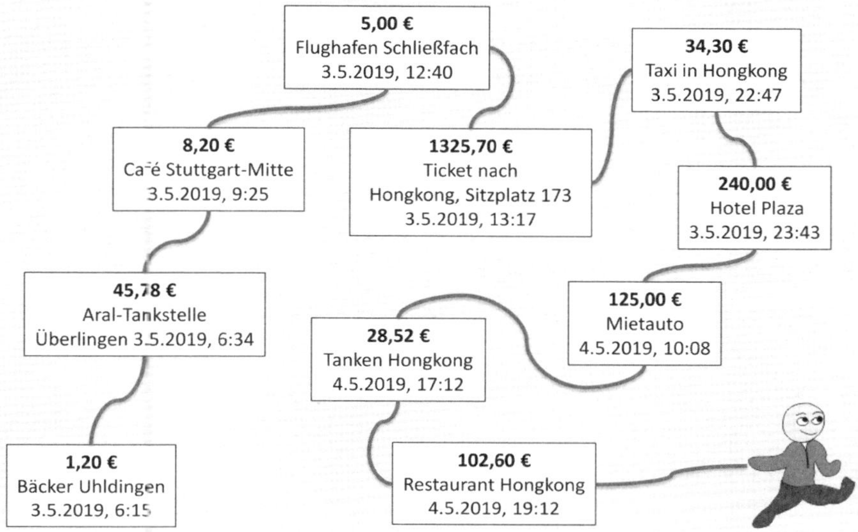

Das alles hört sich erst einmal nicht sonderlich spektakulär an. Was soll daran falsch sein? Ich habe doch nichts zu verbergen!

Schauen wir genauer hin, welche weitreichenden Konsequenzen das auf unser Leben und auf unsere Gesellschaft hat.

Edward Snowden – ein Beispiel, das uns nachdenklich machen sollte

Haben Sie sich Gedanken darüber gemacht, ob Sie heute den Namen Edward Snowden kennen würden, wenn es kein Bargeld geben würde? Glauben Sie, dass ihm seine Flucht gelungen wäre und wir von seinem Insiderwissen erfahren hätten?

Die Flucht von Edward Snowden ist sicherlich auch einigen Zufällen zu verdanken. Ohne Bargeld wäre sie aber vermutlich nicht gelungen. Die Geheimdienste haben bereits heute Zugriff auf alle Konten der Bürger und können jede Bewegung darauf nachverfolgen oder sogar das Konto einfrieren lassen.

Die Kontrolle über den Bürger ist vielfältig. Über das Handy, über das Internet, über die Mautgebühren können nicht nur die Geheimdienste heute leicht einen Menschen lokalisieren, überwachen und ein Bewegungs- und Persönlichkeitsprofil erstellen.

So sehr diese Techniken schon ausgefeilt sind, kann man sie immer noch leicht umgehen. Indem man sein Handy zerstört, seinen PC zu Hause lässt oder nicht über die Autobahnen, sondern über die Landstraßen fährt.
Aber irgendwann einmal muss jeder Güter wie Lebensmittel oder Benzin kaufen. Und bei jedem Einkauf, den wir mit Karte bezahlen, geben wir unseren Standort bekannt und sind sofort für andere lokalisierbar.

Ich würde meine Hand dafür ins Feuer legen, dass die NSA bei der Jagd nach Edward Snowden seine Konten und eventuell Zahlungen mit Kreditkarte überwacht hat. Hätte Snowden diese Mittel genutzt, wäre er aufgeflogen, dingfest gemacht und direkt ins Gefängnis befördert worden. Und all sein Wissen wäre nicht an die Öffentlichkeit gelangt.

Warum ist es so wichtig, dass wir Bürger von diesen Dingen erfahren?

Vergleichen wir die gesamten Vorgänge auf dem Planeten doch einmal mit einem Eisberg. Nur 10 % eines Eisberges ist für uns mit dem Auge sichtbar, 90 % liegen unsichtbar unter dem Wasserspiegel.

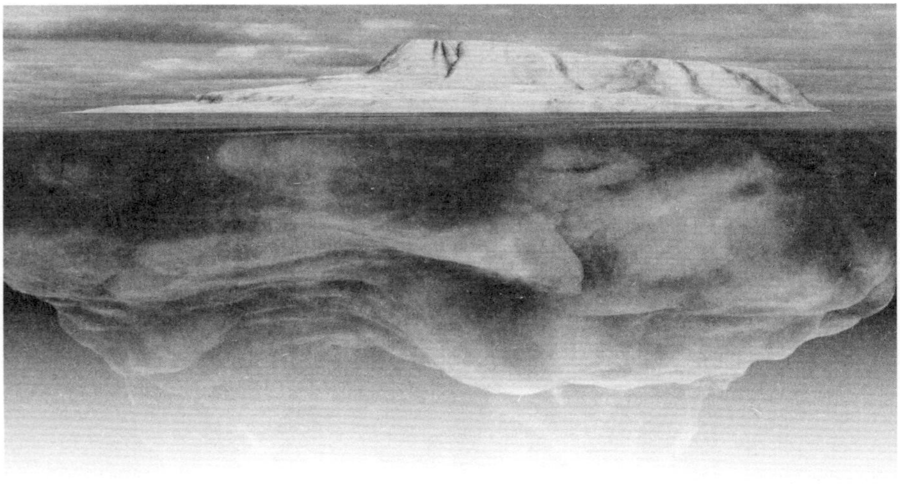

Genauso verhält es sich mit den Informationen, die wir heute über die normalen Medien erhalten. Sie sind oberflächlich und gehen nicht in die Tiefe. Da wir fast nur diese Informationen erhalten, bestimmt das unsere Realität und scheinbare Wahrheit, von der wir fest überzeugt sind. So glaubten vor wenigen Jahren noch die meisten Menschen, dass wir Bürger nicht überwacht werden und das technisch auch gar nicht möglich wäre.

Über die Hintergründe und geheimen Daten, also die 90 % des Eisberges unterhalb des Wasserspiegels, erfahren wir in der Regel nur sehr wenig.

Aber alle paar Jahre wieder riskiert ein Whistleblower seine Freiheit und sein Leben. Geheime Daten werden veröffentlicht und der Beweis geführt, wie z. B. bei der NSA-Affäre. Bürger werden in großem Maße illegal von staatlichen Institutionen weltweit überwacht.

Vor Edward Snowden wurden Leute als Verschwörungstheoretiker verschrien, wenn sie eine solche Behauptung aufgestellt haben. Heute ist allgemein anerkannt, dass das so ist, und selbst die NSA macht sich nicht einmal mehr die Mühe, es zu dementieren.

Unglaublich, wie sich das Bewusstsein der Gesellschaft durch Edward Snowden verändert hat. Das haben wir ihm und vermutlich auch indirekt dem Bargeld zu verdanken.
Wenn die Bevölkerung nur mit oberflächlichen Informationen versorgt wird und der wirkliche Hintergrund im Geheimen und Verborgenen bleibt, kann man die Realität des Menschen leicht beeinflussen. Man hält sie dumm, überhäuft sie mit unwichtigen Daten und kann sie damit ruhig halten und sie in die Richtung steuern, die gewünscht wird. Das ist praktizierte Massenmanipulation.

Mit der Diskussion über die Bargeldabschaffung sollen wir Bürger letzten Endes davon überzeugt werden, einen wichtigen Teil unserer Freiheit abzugeben. Das wäre zu unserem Vorteil und unserer Sicherheit. Dass dadurch der Staat und dessen Institutionen unbegrenzte Macht und Überwachungsmöglichkeiten erhalten, bleibt unerwähnt.

Eigentlich müsste genau das Gegenteil geschehen. Weniger Überwachung und mehr Freiheit, damit noch mehr Whistleblower uns geheime Daten übermitteln können, die uns vorenthalten werden.

Wenn wir tatsächlich mehr Kontrolle brauchen, dann nur in der Form, dass wir die Machthaber besser kontrollieren und überprüfen können sollten. Es sollte geprüft werden, ob sie ihre Arbeit im Sinne des Volkes verrichten. Staatsbedienstete sind die Diener des Volkes und nicht umgekehrt. Geheime Akten oder Institutionen, die niemandem Rechenschaft schuldig sind, sollte es niemals geben.

Fazit: Die Zahlung mit Karte oder Handy hinterlässt eine Spur und macht die Flucht von Whistleblowern fast unmöglich. Bei einer Abschaffung des Bargeldes gehören Whistleblower wie Edward Snowden endgültig der Vergangenheit an. Bürger erfahren noch weniger bis keine Hintergründe und können dumm gehalten und manipuliert werden. Solange es geheime Akten gibt, ist der wache Bürger auf Whistleblower angewiesen.

Totale Transparenz und Kontrolle des Bürgers

Wir unterliegen heute zahllosen Kontrollmechanismen. Mit dem Internet, den Handys, Navigationssystemen oder auch den unzähligen staatlichen Einrichtungen wie z. B. dem Finanzamt sind schon jetzt fast alle Mosaiksteine für eine komplette Überwachung der Bürger und damit für einen Kontrollstaat gelegt.

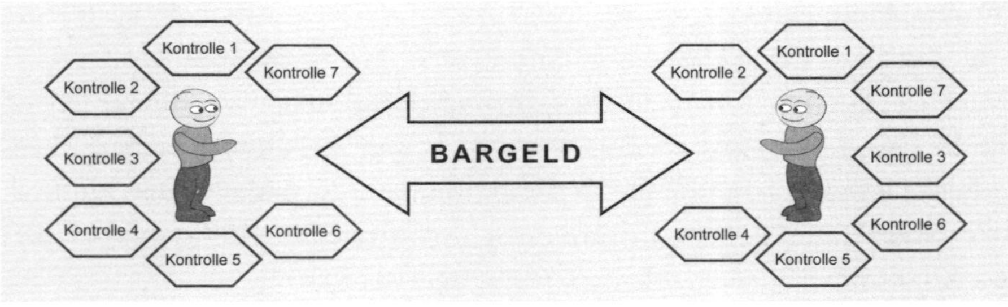

Der wesentliche Mosaikstein fehlt jedoch noch, nämlich die Möglichkeit, jeden Zahlungsvorgang, den der Bürger tätigt, nachvollziehen und kontrollieren zu können. Bargeld steht dem im Wege.
Bargeld spielt im Vergleich zu allen bisher installierten Kontrollinstanzen eine übergeordnete, tragende und damit entscheidende Rolle. Wie ich schon im vorherigen Kapitel erwähnt habe, kann man sein Handy und seinen PC jederzeit abstellen oder vernichten und sich so leicht einer Kontrolle entziehen.
Geld hat jedoch die Eigenart, dass keiner daran vorbeikommt, irgendwann einmal darauf zugreifen zu müssen. Denn jeder von uns muss mal Lebensmittel oder andere Dinge einkaufen. Und wenn es kein Bargeld mehr gibt, ist dieser Kauf nicht mehr anonym, sondern wird registriert und man kann unmittelbar lokalisiert und überwacht werden.

Geld wird für jeden Kauf oder, besser ausgedrückt, für fast jeden Tausch, der zwischen Menschen stattfindet, verwendet. Es ist eine Art Kommunikation zwischen zwei Menschen, die untereinander etwas austauschen möchten. Bei einer Zahlung mit Giralgeld ist dieser Tausch nicht mehr anonym, sondern wird durch die Zahlungsbuchung dokumentiert und über Jahre hinweg gespeichert. Dadurch kann man diese Zahlung überwachen und sogar steuern, indem man sie verhindert, das Konto sperrt oder Gerüchte einer Zahlungsunfähigkeit streut. Man ist damit in der Lage, jederzeit diese Kommunikation zwischen Menschen zu beeinflussen oder sogar zu durchtrennen. Das ist ein gefundenes Fressen für Geheimdienste und totalitäre Staaten, Systemkritiker jederzeit aufspüren, isolieren, in Verruf bringen oder ausschalten zu können.

Darüber hinaus kann unser Konsumverhalten leicht analysiert und beeinflusst werden. Jeder, der Einblick in diese Daten hat, also auch der Banker von nebenan, erhält darüber Kenntnis, wie viel Taschengeld man seinen Kindern bezahlt, ob man ein guter Bürger ist, weil man beim Bioladen einkauft, oder ob man ein schlechter Bürger ist, weil man nichts spendet. Und somit ist ein Großteil der sozialen Kontakte, die ein Bürger pflegt und die seine Angehörigen pflegen, offengelegt, was in vielfältiger Weise ausgenutzt werden kann.

Ein Politiker wird erpressbar. Ein einziger Kontakt mit einem nicht öffentlich konformen Bereich kann ihn für alle Zeiten stigmatisieren. Vielleicht hat er etwas gekauft, zwar legal, aber unter Umständen moralisch nicht ganz korrekt. Einen mit Karte bezahlten Besuch im Rotlichtviertel könnte man als Beispiel heranziehen. Sehen Sie das Potenzial für eine Erpressung?

Es entsteht dann eine Gesellschaft, in der der Mensch duckmäuserisch durch das Leben geht und bei jedem Kauf darauf achten muss, ob das nicht irgendwann einmal zu seinem Nachteil ausgelegt werden kann.

Hinzu kommt, dass Geld immer den Wertigkeiten eines Menschen folgt. Menschen kaufen in der Regel nur das, was ihnen wichtig ist, sie sich wünschen und ihren Werten entspricht. Durch die Dokumentation aller Zahlungsvorgänge kann man mit diesen Daten ausgezeichnete Psychogramme erstellen, die auf vielfältigste Weise genutzt und auch ausgenutzt werden können.

Mit der Abschaffung des Bargeldes sind alle Mosaiksteine, also die gesamte Infrastruktur, die für einen gläsernen Bürger und für einen Kontrollstaat notwendig ist, installiert. Sie müssen dann nur noch vernetzt werden und der Kontrollstaat ist Realität.
Die Vernetzung kann unglaublich schnell und unter Ausschluss der Öffentlichkeit durchgeführt werden.

Vielleicht beruhigen wir uns damit, dass das hier in Deutschland nicht passieren kann, da wir augenscheinlich ja in einem guten Staat leben.
Was passiert, wenn der gute Staat zu einem schlechten Staat wird? Die Geschichte hat uns gezeigt, dass es immer totalitäre Staaten gab. Heute wissen wir, dass es auf der Welt etliche totalitäre Staaten gibt.

Und mit an Sicherheit grenzender Wahrscheinlichkeit wird es sie auch immer wieder geben. Ein wichtiger Schutz dafür ist Freiheit und dass man solch allumfassende Kontrollmechanismen wie die Bargeldabschaffung nicht zulässt.

Eines ist jedoch sicher: Mao, Stalin, Hitler oder die Stasi wären bei dem Gedanken und der Möglichkeit, das Bargeld abzuschaffen und mit Giralgeld zu ersetzen, in Jubelstürme ausgebrochen.

Fazit: Die Bargeldabschaffung ist der letzte Mosaikstein zu einem Kontrollstaat und somit zum gläsernen und überwachten Bürger.

DER FUNDAMENTALE NUTZEN DES BARGELDES

Die entscheidende Frage bei der Bargeldabschaffung wird fast gänzlich ausgeblendet: Welchen Nutzen bringt uns Bürgern das Bargeld täglich? Wie sehr unterstützt es uns, unser Leben zu gestalten und zu stabilisieren?

In diesem Kapitel beleuchten wir diesen äußerst wichtigen Aspekt.

Es entsteht auf sehr vielen Ebenen ein besserer Umgang mit Geld

Wenn wir die klassische Überweisung unberücksichtigt lassen, stehen uns heute am PoS (Point of Sale) 3 Zahlungsmöglichkeiten offen. Entweder können wir mit Bargeld, mit EC- oder Kreditkarte oder kontaktlos bezahlen, wie z. B. mit dem Handy. Bargeld hat viele Eigenschaften, mit denen es den beiden anderen Zahlungsarten überlegen ist.

Bargeld spricht alle unsere fünf Sinne an

Sehen, tasten, riechen, hören und theoretisch auch schmecken. Bei der Nutzung von Bargeld werden alle diese fünf Sinne aktiviert. Je mehr sie aktiviert und beansprucht werden, desto leichter können wir etwas lernen und desto besser können wir auch damit umgehen. So entscheidet bereits die Wahl zwischen den 3 Zahlungsarten darüber, welche Beziehung wir zu Geld entwickeln und wie wir damit umgehen und haushalten können.

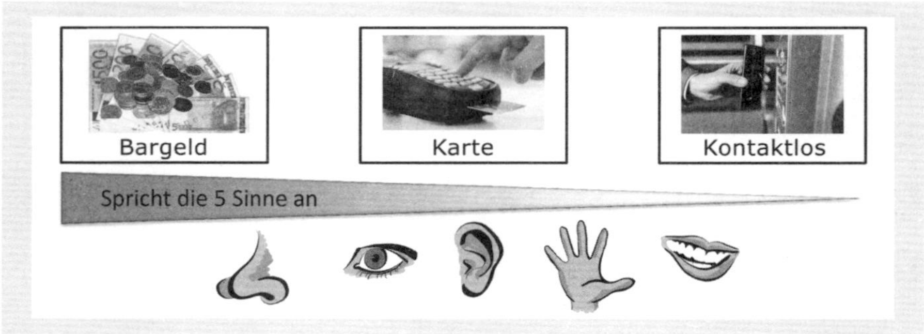

Bargeld ermöglicht uns einen besseren Umgang mit Geld

Studien haben bereits vor Jahren festgestellt, dass Kartenzahler bis zu 100 % mehr konsumieren als Barzahler. Das ist ein erstaunlicher Wert, dessen Auswirkung gewaltig und nicht zu unterschätzen ist.

Bei einer Kartenzahlung werden kaum noch Sinne beansprucht. Damit ist das Fundament gelegt, den Kontakt zu unserem Geld zu verlieren. So realisieren wir bei einem Kauf mit Karte kaum noch, dass wir gerade Geld aus unseren Händen geben. Zudem wird uns dabei suggeriert, dass das Produkt scheinbar nichts oder nur wenig kostet. Das Geld entrinnt viel leichter durch unsere Hände, als es bei Bargeld der Fall wäre.

Die Finanzindustrie kennt diese Zusammenhänge schon sehr lange und nutzt sie für ihre Ziele. Mit diesem Argument hat sie nämlich einst die Einzelhändler davon überzeugen können, das Kartenbezahlsystem in ihren Läden einzuführen. Welcher Händler würde nicht gerne 100 % mehr Umsatz in seinem Laden generieren?

Leider gibt es aktuell noch keine Studie darüber, wie sich das Zahlverhalten des Käufers durch das kontaktlose Bezahlen verändert. Ich bin sicher, dass bei den meisten Menschen die Verbindung zu ihrem Geld fast komplett abreißen wird.

Mit Bargeld kaufen wir nur das, was wir auch wirklich brauchen

Mit Bargeld haben wir immer die Kontrolle über unser Geld und somit über unsere eigene gespeicherte Energie. Wenn in unserem Portemonnaie kein Geld mehr vorhanden ist, gibt uns das unmittelbar einen Hinweis, nochmals zu prüfen, ob wir uns wirklich dieses Produkt leisten können oder ob wir bereits Gefahr laufen, über unsere Verhältnisse zu leben. Beim Gang zum nächsten Geldautomaten haben wir die Möglichkeit, vor einem Kauf kurz innezuhalten und zu überlegen, ob wir dieses Produkt auch wirklich brauchen und uns leisten können. Sollte das Produkt uns jedoch nicht einmal diese wenigen Schritte wert sein, können wir sicher sein, dass wir gerade einer Versuchung entkommen sind und es eigentlich gar nicht brauchen.

Dieses Innehalten ist beim Konsum und im Umgang mit Geld immens wichtig. Ich persönlich habe die Angewohnheit, vor jeder größeren Investition eine Nacht darüber zu schlafen. Und die meisten Dinge, die man aus der Laune heraus gekauft hat, kann man in seinem Keller, in seiner Garage oder auch im Dachgeschoss verstaubt wiederfinden.

Kreditkarten betäuben den Schmerz

Die moderne Gehirnforschung hat herausgefunden, dass der Preis einer Ware das Schmerzzentrum des Gehirns aktiviert. Und das bei Barzahlung stärker als mit Kreditkarte oder Handy.

Oberflächlich betrachtet scheint es gut zu sein, keinen Schmerz zu empfinden. Wer will schon Schmerzen haben? Aber Schmerz warnt uns auch vor einem drohenden Schaden. Wenn wir Zahnschmerzen bekommen, gibt der Körper uns durch den Schmerz ein Signal, dass etwas nicht in Ordnung ist. Nun können wir aktiv werden und einen Zahnarzt aufsuchen. Schmerz ist also ein wichtiges Warnsignal und weist uns frühzeitig auf drohende Gefahren hin.

Eine Kreditkartenzahlung betäubt den Schmerz und verursacht, dass wir doppelt so viel Geld ausgeben, als wir es mit Bargeld tun würden. Bargeld lässt uns wachsam bleiben und ist ein wichtiger Schutz vor Werbung und vielen anderen äußeren Einflüssen.

Durch Bargeld entwickelt sich in der Gesellschaft ein besseres Verständnis zu Austausch und zu fairem Austausch

Nicht nur der Umgang mit Geld wird durch Bargeld besser. Auch zu Austausch kann sich beim Menschen ein besseres Verständnis entwickeln und ausprägen.

In unserer Gesellschaft wird dem Geld leider eine viel zu hohe Bedeutung zugesprochen. Grundlegend betrachtet ist Geld völlig unbedeutend. Geld kann man nicht essen, Geld bewegt nichts, Geld produziert keine Güter oder irgendeinen Nutzen, den Menschen brauchen könnten. Geld ist letzten Endes nur ein Symbol für die dahinterliegenden Produkte, Werte und für den Nutzen, den Menschen erschaffen und produzieren. Geld hat nur die Funktion, Menschen dabei zu dienen, ihre Produkte untereinander besser austauschen zu können. Das und nichts anderes ist die Grundidee von Geld.

Es ist also nicht die Idee, dass die Geldbranche Milliarden und Abermilliarden an Gewinn macht. Es ist nicht die Idee, dass Banken und Versicherungen, also die sogenannte Geldindustrie, die pompösesten Hochhäuser am schönsten Platz in jeder Stadt besitzen. Es ist auch nicht die Idee, dass die Finanzbranche die Welt regiert.

Die Grundidee von Geld ist, den Austausch zwischen Menschen leichter zu machen. Ich gebe etwas her, das mir gehört, um etwas dafür zu bekommen. Das ist der Grundgedanke von Austausch, auf dem unsere gesamte Gesellschaft aufgebaut ist.

Nicht nur das. Es muss auch gewährleistet sein, dass mein Gegenüber dauerhaft überleben und weiterhin Austausch leben kann. Ich nenne das fairen Austausch. Sonst wird der Austausch mit ihm versiegen. Wenn wir dieses Verständnis von Austausch stärken und leben, wird unsere Gesellschaft florieren, wachsen und gedeihen. Wenn darüber jedoch kein Verständnis herrscht und es nicht gelebt wird, gibt es immer mehr Irritationen in unserer Gesellschaft und sie geht letzten Endes Schritt um Schritt zugrunde.

Daher ist es wichtig, dass bei möglichst vielen Zahlungsvorgängen dieser Akt des Tausches symbolisiert und sichtbar gemacht wird.

Diese wichtige Symbolik finden wir nur in Bargeld. Um eine Ware zu erhalten, müssen wir dem anderen einen Schein oder eine Münze geben und sie auch loslassen. Jeder Kauf mit Bargeld symbolisiert intuitiv diesen Tauschvorgang und prägt sich beim Menschen ein. Wir erhalten dadurch eine Gesellschaft, in der fairer Austausch zur Normalität werden kann und in der die Früchte aus diesem Handeln unser Leben bereichern.

Das ist bei Kartenzahlung oder Zahlung mit dem Handy nicht mehr gegeben. Dort leiht man bestenfalls noch seine Kreditkarte aus und erhält sie nach wenigen Sekunden wieder zurück. Man realisiert nicht mehr, dass man für das Produkt auch etwas hergeben musste. Wenn die Symbolik des Tauschens nicht mehr zu erkennen ist, wird das Verständnis von Austausch in unserer Gesellschaft leiden und letztendlich verloren gehen. Die gesellschaftlichen und sozialen Auswirkungen sind katastrophal.

Schon heute darbt unsere Gesellschaft unter unausgewogenem und schlechtem Austausch. Die Anspruchsmentalität, also mehr zu nehmen, als selbst dafür zu geben, nach dem Motto »Geiz ist geil«, hat überhandgenommen. Jeder will möglichst viel haben und möglichst wenig oder am besten nichts dafür geben. Viele unserer heutigen gesellschaftlichen Missstände basieren exakt auf diesem unausgewogenen Austausch. Diesen Grundgedanken unterstützt und verkörpert das bargeldlose Bezahlen.

Bargeld trägt noch die Symbolik des Austausches in sich und stärkt damit bei jedem Zahlungsvorgang das Verständnis und das Bewusstsein in der Gesellschaft zu fairem und gutem Austausch und somit auch die Wertschätzung dem anderen gegenüber. Diesem heute völlig unterschätzten Aspekt sollten wir dringend den gebührenden Respekt zollen. Bargeld stärkt in unserer Gesellschaft den Grundgedanken des Geldes und trägt somit zum guten und fairen Austausch bei.
Allein die Wahl der Zahlungsart wirkt maßgeblich darauf, welcher Grundgedanke zu Austausch sich in unserer Gesellschaft ausprägen und entwickeln wird. Der Austauschgedanke ist das Fundament, auf dem unsere Gesellschaft aufgebaut ist. Daher sollte die Wahl der Zahlungsart wohlüberlegt sein!

Kinder können leicht den Umgang mit Geld erlernen

Bargeld kann man zählen, teilen, stapeln, bündeln. Man kann es anfassen, fühlen, hören und auch riechen. Es ist konkurrenzlos das ideale Medium für Kinder, den Umgang mit Geld und Austausch zu erlernen.

Kinder haben Freude daran, mit Bargeld umzugehen. Sie können klar nachvollziehen, woher Geld kommt (als Taschengeld von den Eltern oder durch geleistete Arbeit) und was sie sich dafür kaufen können. Sie erfahren die Enttäuschung, wenn alles Geld ausgegeben und das Sparschwein leer ist. Sie können Erfahrungen damit machen, Geld festzuhalten und für größere Investitionen anzusparen. Sie können lernen, Geld loslassen zu müssen, um dafür einen Kaugummi kaufen zu können.

Beginnend mit dem Taschengeld im Alter von ca. 6 Jahren können sie bis zum Abschluss der Schule oder der Ausbildung wichtige Erfahrungen mit Geld machen und somit den Umgang damit erlernen.
Wie soll das mit der Kreditkarte, geschweige denn beim kontaktlosen Bezahlen mit dem Handy funktionieren? Wollen wir tatsächlich unsere Kinder mit unserer Kreditkarte die Sonntagsbrötchen einkaufen lassen? Sie wären völlig überfordert.

Wir sollten es unterlassen, unseren Kindern diese Plastikkarte in die Hände zu drücken. Damit haben erschreckend viele Erwachsene bereits Schwierigkeiten, weil sie nicht mehr mit ihrem Geld haushalten können. Für Kinder jeden Alters ist Bargeld aus didaktischer Sicht das ideale Lehrmittel. Wenn Kinder den Umgang mit Geld in ihrer Kindheit und Jugendzeit nicht erlernen durften, werden sie später als Erwachsene die Folgen daraus bitter erfahren müssen. Mit der Abschaffung des Bargeldes würde eine völlig neue Generation an Menschen heranwachsen, die mit ihrem Geld nicht mehr haushalten kann und somit fast lebensuntüchtig ist.

Das wird mir immer dann sehr bewusst, wenn ich meine Vorträge und Seminare über den richtigen Umgang mit Geld an Schulen abhalte. Dort kann ich sehr genau beobachten, wie sich der Umgang mit Geld bei den jungen Menschen entwickelt. Er verschlechtert sich analog zur Nutzung digitaler Zahlungsmöglichkeiten. Zudem manifestiert sich bei ihnen mehr und mehr eine Anspruchsmentalität. Die Neigung, zu nehmen, ohne zu geben.

Als Gesellschaft haben wir die Aufgabe, unseren Kindern den Austauschgedanken von Geben und Bekommen näherzubringen. Eltern spielen hierbei eine Schlüsselrolle und Bargeld ist das Lehrmittel dafür.
Allein aus diesem sozialen Gesichtspunkt heraus erfährt die Gesellschaft durch die Existenz des Bargeldes einen außergewöhnlichen und hohen Nutzen.

Bargeld stützt das soziale Gefüge und fördert die finanzielle Entwicklung des Bürgers

In diesem Abschnitt gehe ich darauf ein, welch wichtige Stellung das Bargeld in der Gesellschaft hat, wie es die soziale Gesellschaftsstruktur stützt und wie sehr es dem Menschen als wichtiges Gestaltungsmittel im Leben zur Seite steht. Ein außerordentlich wichtiger Gesichtspunkt, der leider kaum bekannt ist. Umso mehr freut es mich, ihn hier aufzuzeigen.
Dazu muss ich etwas ausholen und einige spannende Ergebnisse aus meinen Forschungsarbeiten zeigen.

Die Treppe zur finanziellen Freiheit

Aus meiner jahrelangen Forschung zum richtigen, wertvollen und verantwortungsvollen Umgang mit Geld hat sich herauskristallisiert, dass es 5 Stufen gibt, auf die man den Menschen aus finanzieller Sicht stellen kann. Zudem konnte ich Vorgehensweisen, Strategien und Instrumente für jede dieser Treppenstufen entwickeln.

Wendet man sie konsequent an, gelangt man automatisch auf die nächsthöhere Stufe. So kann jeder, egal wo er sich auf dieser Treppe befindet, aus eigener Kraft in seine finanzielle Freiheit aufbrechen, sie erreichen und auch dauerhaft dort verweilen. Dieses lebensnahe Wissen behandle ich in Seminaren. So bin ich in der Lage, sehr realistische Einschätzungen zu treffen, auf welchen Treppenstufen sich die Leute in Deutschland befinden.

Laut Statistik befinden sich 10 % der Bürger aus finanzieller Sicht in einer kollabierenden Situation. Das heißt, sie sind überschuldet, zahlungsunfähig oder beides zusammen.

Eine Treppenstufe darüber befinden sich nach meiner Schätzung ca. 40 % der Bevölkerung. Sie sind in einer stagnierenden Situation. Menschen in dieser Situation empfinden das Leben meist als sehr zäh und haben das Gefühl, finanziell nicht von der Stelle zu kommen. So versucht man auf dieser Stufe mühsam sein Geld zusammenzuhalten und davon etwas zurückzulegen. Aber das mühsam angesparte Geld kann man einfach nicht festhalten und es entrinnt einem wie von Geisterhand.
Man braucht dieses Geld beispielsweise für eine unvorhergesehene Reparatur seines Autos, für eine neue Waschmaschine oder für den Klassenausflug seines Kindes. Aus finanzieller Sicht läuft das Leben sehr zäh, man muss ständig um seine Existenz kämpfen und tagtäglich darauf achten, dass das Geld auch bis zum Ende des Monats reicht. Das Leben erscheint wie ein ständiger und nicht mehr enden wollender Überlebenskampf.

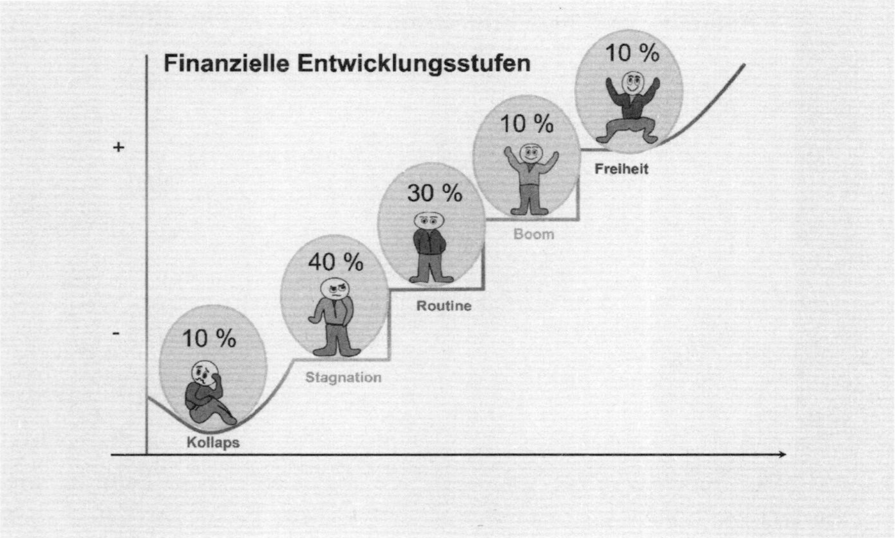

Auf den beiden Stufen Kollaps und Stagnation stehen also 50 % der deutschen Bevölkerung. Die Hälfte aller Bürger im reichen Deutschland muss tagtäglich sehr überlegt und mit größter Sorgfalt auf ihre Finanzen achten, damit sie über die Runden kommt.
Für diese Menschen spielt Bargeld eine überlebenswichtige Rolle, denn:

Mit Bargeld kann man Krisen meistern

Über viele Jahre war ich im Bereich der Firmensanierung von klein- und mittelständischen Unternehmen tätig. Ebenso habe ich zahlreichen Privatpersonen aus finanziell schwierigsten Situationen oder der Privatinsolvenz herausgeholfen. Wer das so nah wie ich erlebt hat, weiß, welchem gewaltigen psychischen Druck die betroffenen Menschen ausgesetzt sind und welch hohen und wichtigen Wert Bargeld in solchen Situationen hat.
Diese Menschen befinden sich in einer außergewöhnlich schwierigen Situation. Der Kampf ums nackte Überleben ist tagtäglich präsent. So sind sie Kontopfändungen, offenen und subtilen Angriffen von Gläubigern oder anderen Widrigkeiten ausgesetzt.

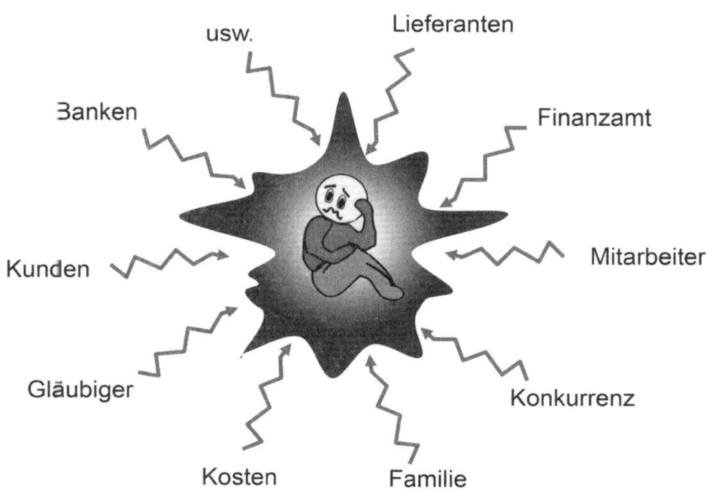

In solchen Situationen ist es besonders schwer, wieder Boden unter die Füße zu bekommen. Auf Grund der Drucksituation sind diese Menschen meist auch psychisch angeschlagen. Mit solch abstrakten Instrumenten wie den digitalen Zahlungssystemen sind sie dann meist überfordert. Zur psychischen Stabilisierung hilft alles, was man anfassen oder mit den fünf Sinnen wahrnehmen kann. Jeder Psychologe, Psychiater oder Psychotherapeut wird das bestätigen.

Bargeld stabilisiert die Psyche und eröffnet diesen Menschen einen autarken Handlungsspielraum, in dem sie vor Angriffen geschützt sind, dadurch Ruhe erhalten und selbstbestimmt agieren können. Jeder, der einmal in solch einer schwierigen Situation war, weiß, wovon ich rede. Bargeld erfüllt eine wichtige soziale Aufgabe.

So hat man mit Bargeld im Geldbeutel bei einer Kontopfändung – ob die nun rechtens ist oder nicht – wenigstens noch die Möglichkeit, Essen für die nächsten Tage und Wochen einzukaufen oder Benzin zu tanken und mobil zu bleiben. Man hat so die Möglichkeit, die notwendigen Schritte zu unternehmen, um das Konto wieder flottzukriegen. Allein dadurch können wir in solch einer Lage handlungsfähig bleiben.

Ohne Bargeld wird es etlichen Menschen kaum noch möglich sein, aus einer finanziell kollabierenden Situation herauszukommen. So ist es ohne Bargeld für viele kaum möglich, eine vernünftige Einteilung ihrer Finanzen zu machen. Die Hürden, aus eigener Kraft dort wieder herauszukommen, sind ohne Bargeld einfach für viele Menschen zu hoch.

Bargeld bietet Entwicklungschancen

Bei einer Bargeldabschaffung wird sich ein großer Teil der Menschen auf der Stufe Stagnation (das sind immerhin 40 %) nicht mehr halten können. Diese Treppenstufe zeichnet sich dadurch aus, dass man tagtäglich sehr bedacht und überlegt mit seinem Geld umgehen muss. Wie schon dargestellt entgleitet vielen Menschen durch Kartenzahlung ihr Geld unkontrolliert.

Wenn man nur noch bargeldlos bezahlen kann, wird es vielen nicht mehr gelingen, sich auf der Stufe Stagnation zu halten, weil ein Budgetplan plötzlich viel komplizierter wird, wenn man nicht einfach in einen vollen oder einen leeren Geldbeutel schauen kann. Der Weg in den Kollaps wird dadurch maßgeblich beschleunigt.
Ein Blick in die USA, wo die Kartenzahlung viel weiter verbreitet ist als bei uns in Deutschland, zeigt das eindrucksvoll.
Eine Befragung aus dem Jahr 2016 weist folgende Zahlen auf:

34 % der Amerikaner haben Ersparnisse von 0 Dollar,
69 % der Amerikaner haben Ersparnisse von maximal 1000 Dollar.

Quelle: GOBankingRates

Bemerkenswert dabei ist, dass das kein Phänomen der Geringverdiener ist. So haben laut dieser Befragung auch 29 % jener Personen, die mehr als 150.000 Dollar pro Jahr verdienen, weniger als 1000 Dollar an Ersparnissen. Wie das bei solch hohem Einkommen möglich ist, ist kaum nachzuvollziehen.
Es weist jedoch eindeutig darauf hin, dass der Umgang mit Geld in den USA bereits heute katastrophal schlecht ist. Das ist mit Sicherheit auch auf die hohe Nutzung von Kreditkarten zurückzuführen – also ein Ergebnis der Geldindustrie, die mit ihren Produkten die Grundlage für diese sozialen Zerwürfnisse legt.

Zusammengefasst entreißt man mit der Bargeldabschaffung dem Menschen das beste Geldplanungsinstrument, das die Gesellschaft je hatte und je haben wird. Mit Bargeld haben besonders Menschen in finanziellen Nöten, alte Menschen und Alleinerziehende ein wunderbares Medium in der Hand, ihre wirtschaftliche Situation aus eigener Kraft zu verbessern oder zu heilen. Oder anders ausgedrückt, man beschneidet mit der Bargeldabschaffung die finanziellen Selbstheilungskräfte der Bürger.

Allein aus diesen Gesichtspunkten heraus sollte es jeder Politiker tunlichst unterlassen, der Geldindustrie bei der Abschaffung des Bargeldes behilflich zu sein oder sich sogar als Handlanger von ihr missbrauchen zu lassen.

Im Gegenteil müsste jeder Politiker dem Ansinnen der Bargeldabschaffung entschieden entgegentreten. Zumindest wenn ihm das Wohl der Bürger wirklich ein Anliegen sein sollte. Die Abschaffung des Bargeldes ist auf allen Ebenen unsozial und würde allergrößte soziale Verwerfungen verursachen.

Bargeld gibt uns die Chance, auch in einer Krise Austausch zu leben

Bargeld spielt besonders in einer Krise eine ganz wichtige und tragende Rolle. Es ermöglicht uns nämlich, immer in unserem unmittelbaren Umfeld Austausch zu leben, auch wenn digitale Zahlungssysteme auf Grund von Hackerangriffen, Computerviren, Naturkatastrophen, Stromausfällen oder Krieg ausfallen.

So kann man mit Bargeld in diesen Fällen immer noch seine lebenswichtigen Nahrungsmittel oder Medikamente bezahlen. Zudem können wir weiterhin Einkünfte generieren, da wir vielleicht unsere eigenen Produkte in unserem Umfeld gegen Bargeld verkaufen können.

In solch fetten und satten Zeiten, wie wir sie in Deutschland schon seit Jahren haben, gerät das leicht in Vergessenheit. Bargeld ist die Garantie dafür, dass in einer Krise der Austausch zwischen den Bürgern nicht zusammenbricht, sondern aufrechterhalten werden kann.
Es hilft uns daher, eine Krise besser zu überstehen und zu bewältigen.

Bargeld schützt uns vor Außeneinflüssen und gibt uns Stabilität

Giralgeld kann uns durch eine Bankenpleite jederzeit weggenommen werden. Unser Geld auf unseren Konten ist letzten Endes nur eine Forderung gegenüber unserer Bank. Geht sie pleite, fällt die Forderung, also unser eigenes auf der Bank liegendes Geld, in vollem Umfang in die Insolvenzmasse. Unser Geld ist somit weg. Zudem hat der Staat auf unser Giralgeld durch Teilenteignung oder Negativzinsen jederzeit Zugriff.

Beim Bargeld verhält es sich jedoch ganz anders: Bargeld ist rechtlich gesehen unser ganz persönliches Eigentum, das sich zudem auch in unserem unmittelbaren Einflussbereich befindet. Selbst wenn Banken pleitegehen, tangiert es unser Bargeld nicht. Auch der Staat hat auf unser Bargeld kaum Einfluss und Zugriff. Daher kann er es uns auch nicht durch Sondersteuern oder Negativzinsen entreißen.

Bargeld kann kaum von außen beeinflusst und manipuliert werden. Es schützt uns vor Außeneinflüssen. Wir haben mit dem Bargeld ein stabileres und somit besseres Geld. Ein Geld, das unserem Leben mehr Stabilität gibt und den Teil unserer Lebensenergie, der in unserem Geld gespeichert ist, schützt.

Bargeld ist gedruckte Freiheit

Bei den Diskussionen über das Bargeld wird fast komplett ignoriert, welchen elementaren Wert wir durch Bargeld erhalten. Es wird uns nur gebetsmühlenartig vorgesetzt, was an Bargeld schlecht ist und was es uns angeblich kostet. Ohne Bargeld können wir nur noch auf Giralgeld zugreifen. Und somit haben wir nur noch ein Geld, das eine Datenspur hinterlässt, das von einer Elite beeinflussbar, manipulierbar und kontrollierbar ist und von dritter und scheinbar unsichtbarer Hand uns jederzeit weggenommen werden kann.

Bargeld hinterlässt dagegen keine Datenspur, ist außerhalb des Einflussbereiches der Elite. Der Bürger hat unmittelbaren Zugriff darauf. Es kann uns nicht weggenommen werden. Wir können untereinander austauschen, ohne beobachtet und bewertet zu werden, und wir können es selbst in Krisenzeiten jederzeit zum Tauschen nutzen.

Bargeld ist daher gedruckte Freiheit!

Die grundlegenden und übergeordneten Fragen, die wir uns eigentlich beim Thema Bargeldabschaffung stellen müssten, sind:

Wünschen wir uns eine freie Gesellschaft? Eine Gesellschaft, in der jeder Bürger mit größtmöglicher Freiheit sein Leben gestalten und sich entwickeln kann? Und wenn ja, was ist es uns wert, in solch einer freien Gesellschaft zu leben?

Mir persönlich ist diese Freiheit sehr viel wert. Selbst wenn Bargeld teurer als Giralgeld wäre (was erwiesenermaßen nicht der Fall ist), würde ich das immer in Kauf nehmen. Denn der Gegenwert dafür ist unbezahlbar, nämlich das wichtigste Gut, das wir haben: Freiheit.

Wenn uns die Freiheit nichts wert ist, werden wir sie über kurz oder lang verlieren. Das ist so sicher wie das Amen in der Kirche. Der Preis für die Zurückeroberung der Freiheit ist immer weitaus höher, als dafür Sorge zu tragen, die Freiheit zu erhalten. Besonders wir in Deutschland müssten das auf Grund unserer Geschichte am besten wissen und uns immer für den Erhalt der Freiheit einsetzen.

Überwachung haben wir bereits heute mehr als genug. Wer jetzt fordert, die letzten Teile der Freiheit auch noch überwachungsfähig zu machen, muss sich die Frage gefallen lassen, ob er sich überhaupt eine freie Gesellschaft wünscht. Und wie die freie Gesellschaft funktionieren soll, wenn alle Freiheiten eliminiert sind.
Die Antwort würde mich interessieren.

Wenn wir in einer freien Gesellschaft leben wollen, muss es ein freies, nicht überwachtes Zahlungsmittel geben. Bargeld verhindert, dass jede Zahlung von uns aufgezeichnet, kontrolliert und bewertet werden kann und wir in einen totalen Überwachungsstaat rutschen.

Bargeld ist der Fels in der Brandung für unsere Freiheit! Bargeld ist gedruckte Freiheit!

Mit Bargeld behalten wir die Kontrolle über unsere eigene gespeicherte Energie

Für viele Menschen ist das Thema Geld ein leidiges und scheinbar undurchdringbares Thema. Einige Menschen haben sogar richtiggehend Angst vor ihm. Das liegt daran, dass sie nicht wissen, was Geld ist und welche Grundidee sich dahinter verbirgt. Geld beginnt eine ungeahnte Faszination zu bekommen, wenn man verstanden hat, was Geld in Wirklichkeit ist, welche Grundidee sich dahinter verbirgt und nach welchen Gesetzmäßigkeiten es funktioniert. Es gibt viele Gesichtspunkte zu Geld: technische, praktische, philosophische. Auf einen wichtigen möchte ich hier eingehen.

Nehmen wir mal an, dass wir mit einem Taxi in die nächste Stadt fahren wollen. Hierzu drücken wir dem Taxifahrer einen 50-Euro-Schein in die Hand. Auf Grund dieses bedruckten Papiers bringt der Taxifahrer all seine Energie für uns ein: Er stellt uns sein Auto zur Verfügung, er trägt die Benzinkosten, er hält das Taxi sauber und putzt es täglich. Er bezahlt die Reparatur und die sonstigen Rechnungen und er bringt seine Lebenszeit für uns ein. Wir brauchen uns nur in das Auto zu setzen und alles Weitere geschieht ohne unser Zutun. Mit diesem 50-Euro-Schein erhalten wir also Zugriff auf die Arbeitskraft, ja, sogar auf die Energie und die Lebenskraft des Taxifahrers.

Aus diesem Blickwinkel heraus kann man Geld mit einem anderen Wort ersetzen, nämlich mit dem Wort Energie.

Geld = Energie

Schon haben wir einen hochinteressanten Blickwinkel zu Geld erhalten und können eine neue Qualität in unserer Beziehung zu Geld entwickeln.
Geld, das wir nicht ausgeben, ist somit eine Art gespeicherte Energie. Die können wir nun in schwierigen Lebensphasen verwenden wie bei Krankheit, im Alter oder in einer Wirtschaftskrise. Unser Leben erhält dadurch höhere Stabilität.

Mit Bargeld hat niemand anderer Zugriff auf unser Geld und somit auf unsere selbst erschaffene Energie. Denn Bargeld ist Geld, das wir selbst in unseren Händen halten. Und damit haben wir immer unsere gespeicherte Energie in unserem eigenen Einflussbereich. Das ist ein ganz wichtiger Aspekt, der nicht hoch genug zu bewerten ist und eine wichtige Grundlage für eine freie Gesellschaft darstellt.

Bargeld erhält uns die Chance auf ein besseres Geldsystem

Solange Bargeld existiert, muss sich die Geldindustrie immer um die Gunst des Bürgers bemühen, damit er sein Geld nicht von der Bank abhebt und in Bargeld umwandelt. Das würde die scheinbar allmächtige Geldindustrie zu Fall bringen.

Die Finanzindustrie kann somit nie zu 100 % tun, was sie aus ihrer Grundgesinnung heraus eigentlich gerne tun würde. Somit ist Bargeld ein wichtiges regulierendes Medium. Es verhindert, dass unser schlechtes Geldsystem zu einem katastrophalen Geldsystem mutiert.

Die Macht des kleinen Mannes

Letztendlich hat der Bürger im Moment das Schicksal des Geldsystems in den eigenen Händen. Bargeld gibt uns diese Macht. Denn wenn wir dem System nicht mehr vertrauen oder es nicht mehr wünschen, können wir einfach unser Geld von der Bank abheben. Tun das viele Bürger, entsteht ein Bankenrun und das jetzige Banken- und Geldsystem geht in die Knie und kollabiert. Darauf werde ich im Laufe des Buches noch tiefer eingehen.

Solch eine Veränderung des Geldsystems wäre kurzfristig gesehen sicherlich eine gewaltige Herausforderung, aber mittel- und langfristig eine große Chance für die gesamte Welt.
Diese Macht des kleinen Mannes schenkt uns das Bargeld. Dessen sollten wir uns immer bewusst sein und sie uns nicht leichtfertig entreißen lassen.

Bargeld verkörpert das Lebenselixier Vertrauen

Vertrauen ist die Basis für ein gutes gesellschaftliches Miteinander. Beziehungen jeglicher Art, ob im Privaten oder im Geschäftlichen, können ohne Vertrauen nicht lange existieren. Entweder zerbrechen sie, unmittelbar nachdem das Vertrauen verschwunden ist. Oder noch schlimmer: Es entsteht eine Scheinbeziehung, in der Vertrauen durch Zwang, Unterwerfung und Gewalt ersetzt wird.

Überall dort, wo kein Vertrauen existiert und gelebt wird, stirbt das Leben darin oder verdreht sich sogar auf die dunkle Seite. Das Leben wird immer mehr bestimmt von Misstrauen, Machtkämpfen, totalitären Staaten, Überwachungsstaaten und Diktaturen.

Unser aktuelles Geldsystem ist noch auf Basis von Vertrauen aufgebaut. Wäre es anders, würde der Bürger sein Geld von der Bank abheben.

Bargeld ist der entscheidende Aspekt in unserem Geldsystem, der das Vertrauen symbolisiert und damit die vielen schlechten Seiten des aktuellen Geldsystems abschwächt. Es ist das letzte Licht im Geldsystem, das dieses Lebensprinzip Vertrauen aufrechterhält.
Ohne das Licht würde eine Finanzdiktatur entstehen, wie ich sie noch detaillierter beschreiben werde.

Persönlicher Austausch unter Menschen ohne Regulierung durch eine Elite

Wichtiger Bestandteil einer freien Gesellschaft ist, dass Menschen jederzeit untereinander Austausch leben können. In welcher Form auch immer. Jeder kann nach seiner Fasson mit anderen Menschen in Kontakt und Austausch gehen. Das ist ein entscheidender Aspekt einer freien Gesellschaft und kommt im Grundgesetz durch die Persönlichkeitsrechte zum Ausdruck. Dieser Austausch von Mensch zu Mensch findet weltweit täglich mehrere Milliarden Mal statt.

Austausch muss in einer freien Gesellschaft frei von jeder Beeinflussung, Manipulation und Regulation stattfinden.
Ob und wie viel Taschengeld wir unserem Kind geben, ob wir uns gesund ernähren oder lieber Fastfood essen, ob wir dem Alkohol zugeneigt sind, ob wir gewissen Organisationen Geld spenden oder nicht, das geht keinen Banker, keinen Staatsbediensteten, keinen Geheimdienst oder irgendeine Elite etwas an, die ihre Gegner und Abweichler beeinflussen oder sogar beseitigen will.

Bargeld gibt uns die Garantie, mit unseren Mitmenschen Austausch ohne Regulierung durch irgendeine Elite leben zu dürfen.

Dieses wichtige Fundament einer freien Gesellschaft gibt und garantiert uns das Bargeld!

DIE VERBORGENEN GRÜNDE DER BARGELDABSCHAFFUNG

In den nächsten Kapiteln beschäftigen wir uns mit den verborgenen Gründen, die hinter der Bargeldabschaffung liegen und von denen man in den Medien in der Regel nichts liest, sieht und hört. Es ist wichtig, die Gründe und die dazugehörigen Motive zu kennen, damit wir die eigentlichen Absichten hinter der Bargeldabschaffung besser nachvollziehen und verstehen können.

Das aktuelle Geldsystem kann ohne die Abschaffung des Bargeldes nicht überleben

In unserem aktuellen Geldsystem spielen Banken eine zentrale Rolle. Bei ihnen haben wir unsere Konten und können unser Geld durch Überweisungen von Bank zu Bank transferieren.

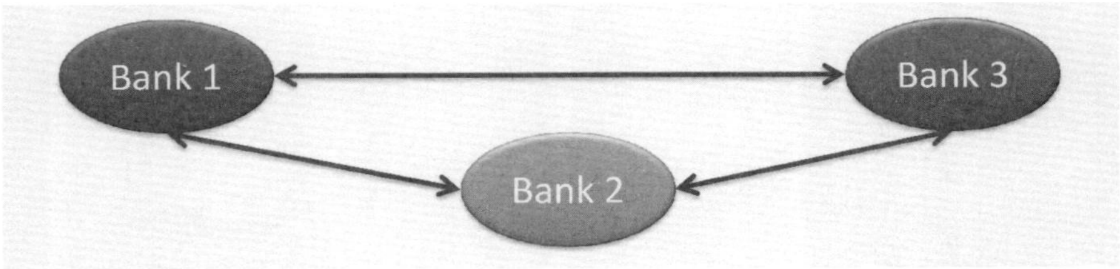

Wir haben zusätzlich die Möglichkeit, dieses Giralgeld in Bargeld umzutauschen. Dem muss jede Bank nachkommen, hierzu ist sie gesetzlich verpflichtet. In solch einem Fall verlässt das Geld jedoch das Bankensystem. Und genau das ist die Achillesferse bzw. der Schwachpunkt, den die Banken und verschiedene Machthaber so sehr fürchten.

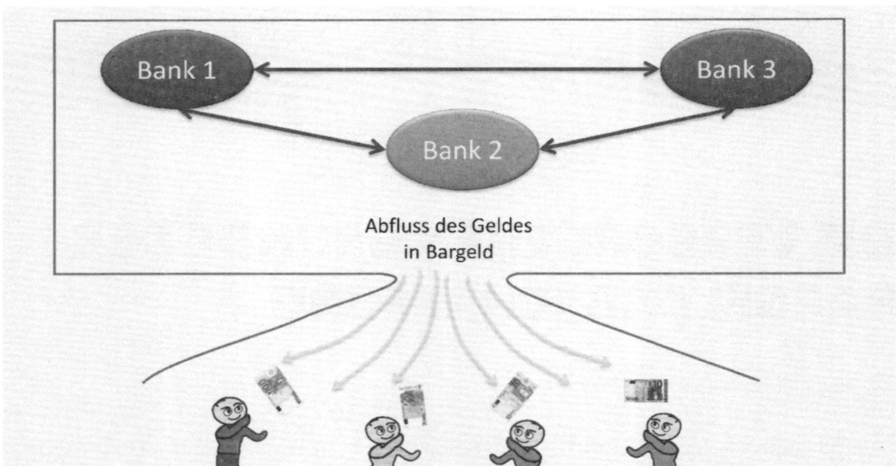

Denn wenn dem System zu viel Bargeld entzogen wird, laufen die Banken Gefahr, zahlungsunfähig zu werden, und das gesamte Geldsystem beginnt zu kollabieren.

Das liegt im Bankensystem begründet, weil eine Bank das Geld der Kunden anderweitig investiert und langfristig gebunden hat. Aus diesem und auch anderen Gründen ist sie nie in der Lage, das Geld ihrer Kunden komplett auszubezahlen. Ganz besonders gefürchtet ist daher der sogenannte Bankenrun. Dann wollen so viele Bürger ihr Geld abheben, dass sich Menschenschlangen vor den Banken bilden und Panik ausbricht. Jeder Bürger möchte so schnell wie möglich sein Geld abheben und in Sicherheit bringen. Man weiß, dass nur wenige Prozente des Geldes dem System entzogen werden müssen, bevor es kollabiert.

Der Abzug des Geldes in Form eines Bankenruns ist in der vergangenen Finanz- und Bankenkrise in Griechenland sowie in Zypern passiert. Man konnte den Kollaps des Finanzsystems nur durch drastische Finanzverkehrskontrollen und nur knapp verhindern.
Banken wurden für mehrere Tage geschlossen. Danach durfte der Bürger pro Tag maximal 60 Euro von seinem Konto abheben. Solch ein Einschnitt kommt einem Offenbarungseid der Banken und des Geldsystems gleich. Den will man mit allen Mitteln im Vorfeld verhindern. Der Kollaps würde nämlich gleich danach folgen.

So möchte man das Bargeld eliminieren, um das Geldsystem zu retten und dessen langfristigen Bestand zu gewährleisten. Das Bargeld ist der größte Feind des aktuellen Geldsystems und damit auch der Banken. Es gefährdet sie in ihrer Existenz und auch in ihrer Machtposition in der Gesellschaft. Wenn man am Geldsystem in seiner heutigen Form dauerhaft festhalten möchte, muss das Bargeld abgeschafft werden – es ist regelrecht alternativlos. Nur wird das im Geheimen und natürlich nicht öffentlich geäußert.

Fazit: Um den Fortbestand des Geldsystems zu sichern, muss das Bargeld abgeschafft werden.

Etablierung einer Finanzdiktatur

Unser Geldsystem basiert auf Vertrauen

Die Basis unseres Geldsystems ist das Vertrauen. Das Vertrauen darauf, dass das System funktioniert und ich jederzeit auf mein Geld zugreifen kann. Wenn das Vertrauen schwindet, beginnt der Bürger sein Geld abzuheben, ein Bankenrun entsteht und das Geldsystem kollabiert innerhalb kurzer Zeit. Die Banken bzw. die gesamte Finanzindustrie ist daher ständig gezwungen, darauf zu achten, vom Volk so viel Vertrauen zu bekommen, dass es sein Geld immer zur Bank trägt und es auch dort belässt.

Wir haben heute also ein Geldsystem, das auf Vertrauen in das System basiert. Das ist enorm wichtig und gut so. Eine Beziehung, ein Geschäft oder ein Geldsystem ohne Vertrauen hat noch nie Gutes hervorgebracht.

Das zu verstehen ist sehr wichtig. Denn damit haben wir Bürger aktuell noch Macht in unseren Händen. Wir können täglich selbst darüber entscheiden, ob wir das jetzige Geldsystem noch wollen oder ein neues Geldsystem wünschen. Wir müssen niemanden fragen. Das entscheiden wir allein, indem wir dem System vertrauen und unser Geld zu den Banken bringen und es dort belassen. Wenn wir das nicht mehr wünschen, können wir dem System einfach das Geld entziehen, indem wir es abheben.

Die Machthaber wissen das sehr genau. Deren Macht und Einfluss basiert auf dem heutigen Geldsystem. Ihre Macht wollen sie sichern, indem sie uns die Möglichkeit eines Bankenruns mit einem Bargeldverbot entreißen. Daher ist Bargeld den Banken und diversen Machthabern, die von diesem Geldsystem stark profitieren, schon seit langem ein Dorn im Auge. Das wird bald noch viel deutlicher.

Durch das Bargeldverbot kann das Geld das Bankensystem nicht mehr verlassen

Die Bargeldabschaffung verhindert, dass Geld das Bankensystem verlassen kann. Die Abschaffung wirkt wie ein Korken, der den Abfluss von Geld verhindert. Wir als Bürger haben dann das Recht verloren, unser Geld in unsere Hände und in unseren direkten Einflussbereich zu bekommen. Uns bleibt nur noch die Möglichkeit, unser Geld von einer Bank zur nächsten digital zu transferieren. Und damit bleibt das Geld im System und kann es nicht mehr verlassen. Der Weg ist geebnet und frei für die Folgen, die ich bereits skizziert habe.

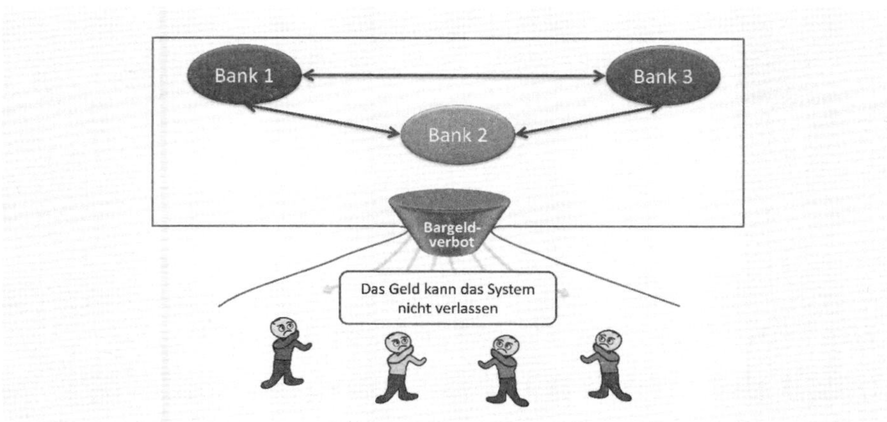

Das Schlimmste kommt noch.

Eine Finanzdiktatur entsteht

Durch die Abschaffung des Bargeldes hätten wir Bürger also die Macht verloren, jederzeit dem Geldsystem das Vertrauen zu entziehen und es damit zu Fall zu bringen. Damit hätten wir dann ein Geldsystem festzementiert, aus dem wir über viele Generationen hinweg nicht mehr entkommen könnten. Eine Handvoll Menschen wie der EZB-Rat hätte dann die totale Kontrolle und den Zugriff auf alles Geld, das im Bankensystem existiert und nicht mehr als Bargeld abfließen kann.

Diese Leute könnten bei einer Bankenkrise auf das Geld der Bürger zugreifen und eine Enteignung leicht und per Knopfdruck durchführen, um die Banken zu retten.
Der Bürger hätte sämtlichen Einfluss auf das eigene Geld verloren und wäre auf Gedeih und Verderb der Finanzdiktatur ausgeliefert.
Ein teuflisches Szenario. Goethe hätte es mit Mephisto nicht besser ausdrücken können.

Fazit:
1. Unser Geldsystem basiert aktuell auf Vertrauen.
2. Dieses Vertrauen will man durch die allumfassende Kontrolle einer Elite ersetzen.
3. Das Geld wird durch diese Elite kontrolliert und gesteuert.
4. Dem Bürger wird z. B. durch den Negativzins und Teilenteignungen sein Geld genommen und die Elite nutzt es für ihre Zwecke.
5. Es entsteht eine Finanzdiktatur.

Das Geldsystem zu retten ist wichtig, damit die Großen ihr bisheriges Spiel fortführen können

Warum müssen wir überhaupt Banken retten? Warum halten wir an dem jetzigen Geldsystem überhaupt so krampfhaft fest? Würde die Welt aufhören, sich zu drehen, wenn es dieses Finanzsystem nicht mehr gibt? Was wäre so schlimm daran, das jetzige Geldsystem mit einem neuen, besseren und gerechteren Geldsystem zu ersetzen?

Leider ist kaum bekannt, dass es einige Menschen gibt, die von dem aktuellen Geldsystem überproportional profitieren. Wenn man sich an der Schaltzentrale des Geldsystems befindet, kann man riesige Summen an Geld für sich ansammeln. Hier eine Aufzählung, womit das große Geld verdient wird:

DAS SPIEL DER GROSSEN

- Mit Geld Geld machen
- Mit Spekulationen Gewinn machen
- Spekulationen, die der Realwirtschaft keinen Mehrwert bringen
- Zins und Zinseszins
- Legale Gewinnverlagerungen auf Steueroasen
- Deregulierte Finanzmärkte, die in regelmäßigen Abständen Wirtschaftskrisen verursachen
- Hebelgeschäfte
- Keine Haltefristen bei Aktien
- Hochfrequenzhandel (An- und Verkauf von Aktien in Mikrosekunden)
- Ungedeckte Derivate
- Keine Transaktionssteuer
- Ungedeckte Kreditausfallversicherung
- Keine Beschneidung der Macht der Wall Street
- etc.

Es würde den Umfang des Buches sprengen, auf diese Punkte tiefer einzugehen. Obwohl es sehr spannend wäre. Neutral betrachtet steht dem Geldmachen nichts entgegen, sofern dabei auch ein adäquater Mehrwert für die Gesellschaft entsteht. Das ist aber fast gänzlich nicht der Fall. Im Gegenteil, die Essenz dieses Spiels der Großen kann man wie folgt resümieren:

1. Es entsteht für die Gesellschaft kein Mehrwert.
2. Es hat das Ziel, ohne Gegenleistung viel Geld von anderen zu nehmen, zu ergaunern oder zu rauben.
3. Es plündert produktive Menschen auf dem gesamten Planeten aus.
4. Es destabilisiert die Gesellschaft und das gesamte Finanzsystem.
5. Das Spiel der Großen verursacht Wirtschaftskrisen, die diese wiederum zu ihrem Vorteil ausnutzen.
6. Sie können ihr Spiel nur mit dem jetzigen Geldsystem spielen.

Für die Menschen auf dieser Erde wäre es ein Segen, das jetzige Geldsystem zu Fall zu bringen und mit einem Geldsystem zu ersetzen, das dieses Spiel der Großen nicht mehr zulässt und die weltweite Ausplünderung stoppt.

Mit einem Bargeldverbot kann die Ausplünderung nicht nur dauerhaft erhalten, sondern noch erweitert und perfektioniert werden. Durch ein Bargeldverbot kann jeder Austausch, der zwischen Menschen stattfindet, mit einer Gebühr belegt werden. Die Finanzindustrie ist dann bei jedem Tausch und Zahlungsvorgang mitbeteiligt.

Man nennt das Wertabschöpfung. Wenn nun der Mensch einen Wert, eine Dienstleistung und einen Nutzen produziert und sie mit einem anderen Menschen austauscht, kann eine unsichtbare Partei sich in den Tausch einmischen und einen Teil des Austausches für sich in Form einer Gebühr beanspruchen und abziehen.

Das entspricht exakt dem Grundgedanken des Spiels der Großen. Zu nehmen, ohne einen adäquaten Mehrwert dafür zu geben. Bargeld ist das einzige Zahlungsmittel, an dem die Finanzindustrie aktuell nichts absaugen kann. Daher ist es von der Finanzindustrie verhasst und ihr ein Dorn im Auge.

Eine Bargeldabschaffung führt dazu, dass die Geldindustrie bei jedem Austausch ihren Tribut verlangen kann. Wir reden über eines der größten Geschäftsmodelle unserer Zeit. Täglich finden auf der Welt Milliarden an Tauschvorgängen statt. Es ist ein Billionengeschäft, das jedes andere Geschäftsmodell in den Schatten stellt. Es perfektioniert das Spiel der Großen und wird dauerhaft unseren Planeten in Ketten halten.

Fazit: Ein verborgener Grund, das Bargeld abzuschaffen, ist, das aktuelle Geldsystem dauerhaft zu erhalten, damit das Spiel der Großen ohne Behinderung weitergespielt werden kann.

Machthaber müssen zu ihrem Vorteil ständig das Geldsystem verschlechtern, ohne dass es jemand merkt

Unser jetziges Geldsystem wurde im Jahre 1944 in Bretton Woods (ein Dorf in den USA) ausverhandelt und am 22. Juli 1944 von 44 Ländern unterschrieben. Deutschland trat 1949 dem Bretton-Woods-System bei. Seit dieser Zeit verändert sich unser Geldsystem stetig – leider nicht zum Positiven, sondern fast ausschließlich zum Negativen. Die nachfolgende Abbildung soll das mit einigen wenigen Stichpunkten bildlich darstellen.

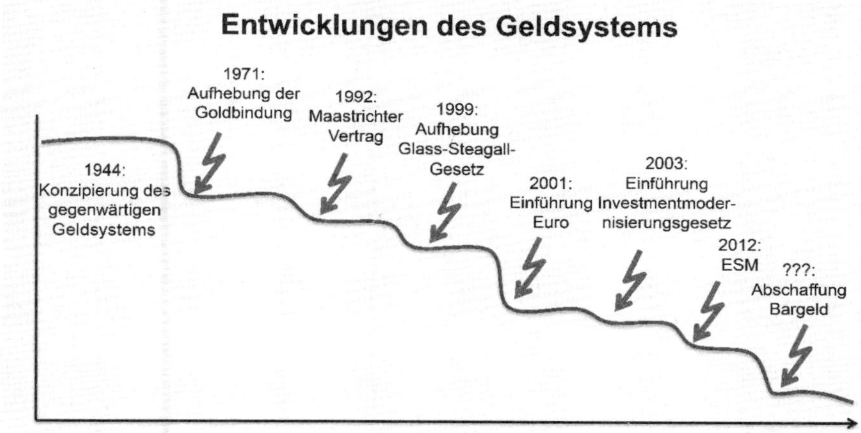

Um die Systematik hinter diesen Entwicklungen besser verständlich zu machen, möchte ich sie anhand eines Beispiels, der Aufhebung der Golddeckung im Jahr 1971, verdeutlichen.

Als 1944 das Geldsystem konzipiert wurde, vereinbarte man vertraglich, dass zukünftig der Dollar eine Art Weltleitwährung wird und sich alle angeschlossenen Staaten mit ihrer Währung am Dollar orientieren müssen. Dadurch hat der Dollar eine Weltmachtstellung und außerordentliche Privilegien erhalten. Es wurde im Vertrag auch festgelegt, dass die USA nur so viele Dollars drucken dürfen, wie sie auch an Goldreserven besitzen. Zudem hatte jeder Staat, der Dollars besaß, das Recht, seine Dollars zu einem festgelegten Preis in Gold umzutauschen.

Dadurch sollte verhindert werden, dass die Amerikaner unlimitiert Dollars drucken und damit die Welt aufkaufen können. Das war, sehr vereinfacht ausgedrückt, die Grundlage des damaligen Geldsystems.

Es kam der Vietnamkrieg. Wie es bei Kriegen üblich ist, wurde er viel teurer als geplant. Und um den Krieg zu finanzieren, druckten die Amerikaner massenhaft Dollars – viel mehr, als sie Goldreserven hatten. Als Frankreich und andere Länder die USA aufforderten, ihnen ihre Dollarreserven in Gold umzutauschen, ist es aufgeflogen.

Der damalige Präsident der Vereinigten Staaten Richard Nixon hat daraufhin am 15. August 1971 in einer Fernsehansprache verkündet, dass die Goldbindung des Dollars ab sofort aufgehoben wird. Das war ein einseitiger Vertragsbruch der USA. Seither ist der Dollar nicht mehr an Gold gekoppelt und kann nach Belieben gedruckt werden.

Die Dimensionen hinter solch einer Entscheidung sind gewaltig. Der Amerikaner bricht wissentlich einen internationalen Vertrag, um geopolitische Interessen wie den Vietnamkrieg finanzieren und durchführen zu können. Er kündigt einseitig die Golddeckung auf und verschlechtert damit das komplette Geldsystem.
Seither kann Geld in Massen gedruckt werden und nicht selten wird das dafür verwendet, um unendliche Kriege überall auf der Welt zu finanzieren, die sonst bei Einhaltung des Vertrages gar nicht zu finanzieren gewesen wären.

Das ist nur eines von vielen Beispielen. Es gibt Dutzende weitere davon. Das Resümee daraus ist, dass sich seit vielen Jahrzehnten das Geldsystem stetig verschlechtert.

Diverse Machthaber, vor allem aus der Finanzindustrie, machen ihre Sauereien und plündern mit ihren Spielen wie z. B. mit Spekulation die Gesellschaft aus. Das Geldsystem kommt dadurch in regelmäßigen Abständen in Schieflage und muss gerettet werden.

Das ist nur möglich, indem man die Steuergelder des Bürgers dafür verwendet und das Geldsystem zu Lasten des Steuerzahlers verschlechtert und zum Nutzen der Finanzindustrie und der Mächtigen verändert. All das darf natürlich die Bevölkerung auf gar keinen Fall realisieren. Nicht zuletzt deshalb hat man die Finanzbranche so extrem verkompliziert und tausende Fachbegriffe eingeführt, die nur noch Eingeweihte verstehen. Noch weniger können die Gesamtzusammenhänge nachvollziehen.

Wir befinden uns im Showdown. Man hat erkannt, dass das Geldsystem nur mit der Abschaffung des Bargeldes auf lange Sicht gerettet werden kann. Das dient nur dazu, dass die Machthaber ihr Spiel auf unbestimmte Zeit weiterspielen können. Es ist die Lösung aller Lösungen. Es ist das Finale, in dem wir uns aktuell befinden.

Zufällig entsteht dabei eine Finanzdiktatur. Zufällig sitzen an deren Zentrale jene Machthaber, die jede Verschlechterung des Geldsystems toleriert oder sogar vorangetrieben haben. Zufällig haben sie selbst davon stetig profitiert.

Wirklich nur Zufälle?

Fazit: Machthaber verletzen Gesetze oder hebeln sie für ihre Eigeninteressen aus. Die Folgen daraus münden in Krisen, die nur mit einer Verschlechterung des Geldsystems behoben werden können. Wir sind im Finale dieser jahrzehntelangen Entwicklung angekommen. Jetzt geht es um das Bargeldverbot.

Totale Kontrolle über das Geld jedes Menschen

Mit der Abschaffung des Bargeldes ist die totale Kontrolle über alles Geld, das auf dem Planeten existiert, erreicht. Staaten, Notenbanken oder andere Machthaber sind dann in der Lage, per Knopfdruck jeden Menschen und jede Organisation vom Geldfluss abzuschneiden. Sie können nun auch mit dem Negativzins oder einer Enteignung jederzeit und unlimitiert auf das Geld der Bürger zugreifen. Niemand von uns kann das dann noch verhindern oder beeinflussen.

Genau das ist die Idee dahinter. Die vollständige Kontrolle über das Geld des Menschen. Bargeld behindert und verhindert das.

Ein unbedarfter Bürger, der die Hintergründe dazu nicht kennt, könnte vielleicht Folgendes sagen:

> *»Ich habe doch nichts zu verbergen. Wo liegt das Problem, wenn das Geld kontrolliert wird? Es wird schon alles im Sinne von uns Bürgern ablaufen.«*

Diesen Standpunkt wird man jedoch sehr schnell verlassen, wenn man verstanden hat, was Geld in Wirklichkeit ist.

Denn Geld ist nicht irgendetwas Emotionsloses und Unbedeutendes. Die Brisanz der totalen Kontrolle über das Geld ist nämlich sehr viel weitreichender, ja sogar erschreckend. Dazu wenden wir uns nochmals dem Taxifahrer aus dem vorherigen Kapitel zu.

Kontrolle und Zugriff auf die Energie aller Menschen

Ich wiederhole die Situation noch einmal.
Wenn wir einem Taxifahrer einen 50-Euro-Schein in die Hand geben, bringt er all seine Energie für uns ein: Er stellt uns sein Auto zur Verfügung, er trägt die Benzinkosten, er hält das Taxi sauber, bezahlt die Reparatur und die sonstigen Rechnungen und er bringt seine Lebenszeit und vieles mehr für uns ein. Wir brauchen uns nur in das Auto zu setzen und alles Weitere geschieht ohne unser Zutun. Mit dem 50-Euro-Schein erhalten wir also Zugriff auf die Arbeitskraft, die Energie und die Lebenskraft des Taxifahrers.

Man sieht also, dass Geld nicht nur ein Schein ist, sondern viel mehr. Ersetzen wir »Geld« doch einfach nochmal mit dem Wort Energie. Geld ist also eine Art von Energie. Mit Geld erhalten wir Zugriff auf die Energie anderer Menschen.

Geld = Energie

Das ist auch völlig in Ordnung, sofern wir selbst für diesen 50-Euro-Schein auch etwas getan haben. Indem wir also mit unserer Energie Werte oder Dienstleistungen geschaffen haben, die für andere so viel wert waren, haben wir diese 50 Euro bekommen. Das ist ganz normaler und legitimer Austausch. Wir bringen unsere Energie und Lebenskraft ein und die anderen tun dasselbe.

Gehen wir nun aber davon aus, dass wenige Machthaber die Kontrolle über die Geldschöpfung und den Zugriff auf alles existierende Geld haben, ohne dafür einen adäquaten Gegenwert geben zu müssen. Sie generieren es einfach selbst oder holen es sich, indem sie dem Menschen durch Negativzinsen oder Enteignung sein Geld entreißen. Mit diesem Geld haben sie nun Zugriff auf alle Werte, Produkte und Dienstleistungen der Gesellschaft.

Wenn man das verstanden hat, beginnt man die Dimensionen hinter der Bargeldabschaffung erst so richtig zu erfassen. Wenige Menschen haben damit Zugriff auf die Energie und die Lebenskraft aller Menschen auf diesem Planeten. Und sie haben dafür nicht einmal einen winzigen Funken von ihrer eigenen Energie für das Wohl der Gesellschaft einbringen müssen.

Es geht nur vordergründig um Geld. Geld in Form von Papier oder Bits in unserem Computersystem ist relativ bedeutungslos. Es geht und ging immer nur darum, was sich hinter Geld verbirgt. Nämlich um den Zugriff auf die Energie anderer.

Am Ende dieses Buches im Kapitel »Morphische Felder« werde ich auf das Thema aus einem weiteren äußerst interessanten Blickwinkel eingehen.

Fazit: Mit der Kontrolle über das Geld erhalten wenige Menschen die Kontrolle über die Energie aller Menschen. Für dieses Ziel ist im Hintergrund ein erbitterter Kampf im Gange. Bargeld steht ihm im Wege.

Totale Kontrolle bis hin zum implantierten Chip

Bereits vor einigen Jahrzehnten wurde der RFID-Chip (Radio Frequency Identification) erfunden. Dabei handelt es sich um einen Chip, der auf Basis von Radiowellen funktioniert und je nach Modell nur noch die Größe eines Reiskorns besitzt. Auf diesem Chip können Daten gespeichert werden.

Die Nutzung dieser Chips ist schon heute sehr vielseitig. Sie können zur Fahrzeugidentifikation, zum kontaktlosen Bezahlen, zur Identifizierung von Tieren und vielem mehr benutzt werden.
Es ist heute technisch problemlos möglich, über diesen winzigen Chip sämtliche Zahlungsfunktionen, die wir von der EC- oder Kreditkarte kennen, durchzuführen. Nicht nur das, durch einen winzigen Eingriff kann der Chip problemlos dauerhaft in einen menschlichen Körper eingesetzt werden.

Das alles hört sich wie Science-Fiction an. Es ist normale Realität. So gibt es bereits in Schweden sogenannte Chippartys, auf denen sich die Leute diese Chips einpflanzen lassen.
Mit dem Chip ersparen sie sich das Anstehen bei der nächsten Diskothek, weil diese privilegierten Menschen durch den VIP-Eingang gehen dürfen. Der Preis für den Eintritt in die Diskothek sowie alle Getränke, die man dort konsumiert, werden über den Chip automatisch bezahlt.
Ganz einfach. Oder?

Wenn man den Gedanken zu Ende spinnt und sich vorstellt, dass jeder Bürger einen Chip in seinem Körper trägt, können mächtige Menschen, die an der Schaltzentrale sitzen, jeden jederzeit lokalisieren. Sie könnten auch den Chip manipulieren: So kann die Zahlfunktion gesperrt werden und man wird aktionsunfähig. Per Knopfdruck können Abweichler oder Systemkritiker unmittelbar ausgeschaltet werden. Für Diktatoren, Tyrannen und Machtbesessene ist das Musik in ihren Ohren.

Wäre die Technik schon in der Gesellschaft etabliert gewesen, hätten wir über die Enthüllungen von Edward Snowden nie etwas erfahren. Wir können mit Sicherheit davon ausgehen, dass die NSA die Technik genutzt hätte, um ihn auszuschalten.

Es gibt genügend Hinweise darauf, dass es Menschen gibt, die das Ziel einer flächendeckenden Implantierung der Bevölkerung per RFID-Chip anstreben und damit die Kontrolle aller Menschen erreichen wollen.

So sagte der verstorbene Filmemacher Aaron Russo in einem Interview, was sein früherer Freund Nicholas Rockefeller ihm gestanden hatte:

> *»Die Agenda ist es, eine Weltregierung zu schaffen und jedem Bürger einen RFID-Chip zu implantieren. Alles Geld soll sich nur noch in diesen Chips befinden. Es wird kein Bargeld mehr geben. [...]. Wenn man anstelle von Bargeld Geld auf seinem Chip hat, können sie jeden Betrag, wann immer sie wollen, entnehmen. Wenn die sagen, du schuldest uns so und so viel Geld an Steuern, dann entnehmen sie den Betrag digital von deinem Chip. [...]. Und wenn man wie du oder ich dagegen protestiert, können sie deinen Chip ausschalten und du hast nichts mehr. Du kannst kein Essen mehr kaufen, du kannst nichts mehr tun.«*

Geht man noch weiter zurück, findet man im Neuen Testament in der Offenbarung des Johannes folgende verblüffende Aussage:

> *»Die Kleinen und die Großen, die Reichen und die Armen, die Freien und die Sklaven, alle zwang es, auf ihrer rechten Hand oder ihrer Stirn ein Kennzeichen anzubringen. Kaufen oder verkaufen konnte nur, wer das Kennzeichen trug: den Namen des Tieres oder die Zahl seines Namens.«*

Kapitel 13, Vers 16–17

Die Grundidee und das Gedankengut zur totalen Kontrolle der Menschheit ist offenbar schon sehr alt und hat unsere Geschichte geprägt. Dass die heutige Technik wie z. B. der RFID-Chip eines Tages für solche Zwecke eingesetzt werden wird, muss man in jedem Falle in Betracht ziehen. Und die Abschaffung des Bargeldes wäre ein Meilenstein in diese sehr fragwürdige Richtung.

So groß wie ein Reiskorn: Datenträger oder Datenverräter?

Ich persönlich halte es aus heutiger Sicht für sehr unwahrscheinlich, dass in naher Zukunft dem Menschen mit Zwang dieser Chip eingesetzt wird. Ein Aufstand oder eine Revolution wäre vermutlich die Folge. Dennoch möchte ich drei Szenarien beschreiben, wie er schrittweise und ohne Aufstände eingeführt werden könnte:

Szenario 1

Eine große Werbeaktion der Chiphersteller wird gestartet: »Bei jeder Bezahlung mit Ihrem implantierten Chip erstatten wir Ihnen 3 % des Kaufpreises.«

Szenario 2

Die Europäische Kommission beschließt, dass Häftlinge mit Freigang keine Fußfessel, sondern nur einen implantierten Chip tragen müssen.

Szenario 3

Terroristischer Anschlag in den USA, vergleichbar mit dem 11. September 2001. Um das amerikanische Volk zukünftig vor terroristischen Anschlägen schützen zu können, dürfen Ausländer nur noch in die USA einreisen, wenn sie einen Chip implantiert haben.

So würden wir langsam an die Idee eines implantierten Chips gewöhnt werden. Und bereits heute ist ein implantierter RFID-Chip in vielen Bereichen des Lebens üblich geworden. Beispielsweise müssen in Sachsen-Anhalt alle Hunde gechippt sein. Bei Pferden, Ponys und Eseln ist es europaweit Pflicht. Die Europäische Kommission hat das schon zum 1. Juli 2009 verordnet.

Kurz vor Drucklegung dieses Buches hat die Berliner Sparda-Bank eine erstaunliche Werbeaktion gestartet. Unter dem Motto »Die einzige Baufinanzierung, die unter die Haut geht« stattet sie jeden willigen Kunden mit einem Chipimplantat aus. Wenn das Eigenheim dann gebaut ist, ersetzt diese Technik nicht nur den Haustürschlüssel, auch der Fahrausweis für Bus und Bahn, Mitglieds- und Mitarbeiterkarten werden überflüssig.

In je mehr Lebensbereichen das Chippen üblich wird, umso leichter gewöhnt sich der Mensch an diesen Gedanken und die Bereitschaft, sich selbst einen Chip einpflanzen zu lassen, steigt.

WER ZIEHT DIE STRIPPEN? WELCHE MOTIVE STECKEN DAHINTER?

Die vielen Aktionen, die letztendlich unweigerlich zur Bargeldabschaffung führen, geschehen nicht zufällig. Dahinter stecken Kräfte, die sehr mächtig sind, Eigeninteressen verfolgen und von der Bargeldabschaffung außerordentlich profitieren.

Diesem Thema könnte man ein ganzes Buch widmen. Um jedoch wenigstens ein Gefühl dafür zu bekommen, um welche gewaltigen Kräfte es sich dabei handelt, möchte ich einige Hauptakteure erwähnen und auf den einen oder anderen Aspekt etwas ausführlicher eingehen.

Internationale Großbanken

Hierzu zählen:

- Deutsche Bank
- HSBC (britische Bank, größte Bank Europas)
- Goldman Sachs
- Citigroup
- JPMorgan Chase
- Morgan Stanley

Eine starke treibende Kraft hinter der Bargeldabschaffung ist natürlich die Finanzwirtschaft. Bevor nun jemand seinen Nachbarn, der Banker ist, an den Pranger stellt, möchte ich unbedingt präzisieren, von welchen Banken und welchen Bankern ich hier spreche. Ich habe keinerlei Interesse daran, versehentlich einen Keil in die Gesellschaft zu treiben.

Grundsätzlich einmal ist ein Banker ein Mensch wie jeder andere und möchte meist einer redlichen Arbeit nachgehen und sich und seine Familie ernähren. Oft leidet er selbst unter dem Bankensystem, dem Druck, dem er unterliegt, und den Geschäftsplänen, die er Woche für Woche erfüllen muss.
Solche Banker sind meist Mitläufer oder haben mit dem Thema der Bargeldabschaffung gar nichts am Hut. Die Initiative dafür findet auf ganz anderen Hierarchieebenen statt. Zu den Initiatoren gehören nur einige der größten Banken der Welt, also die Global Player bzw. die internationalen Großbanken.

Von den Banken in Deutschland würde ich nur die Deutsche Bank hinzuzählen. Selbst dort findet man die Initiatoren nur in den obersten Etagen bzw. an deren Hierarchiespitze.

Dort ist eine starke treibende Kraft zu finden. Alle anderen Banken, wie Sparkassen, Volksbanken und erst recht die Alternativbanken, gehören meines Erachtens sicherlich nicht dazu. Sie führen zwar teilweise eine Gebühr für das Bargeldabheben ein und befürworten sicherlich auch andere Maßnahmen, die ihre Einkünfte verbessern können, aber zu den Initiatoren würde ich sie nicht hinzuzählen wollen.
Von den oben angeführten Global Playern möchte ich exemplarisch zwei herausgreifen:

Deutsche Bank

So hat der ehemalige Vorstandsvorsitzende der Deutschen Bank John Cryan 2016 beim Weltwirtschaftsforum in Davos, bei dem bekanntlich ein Großteil der Eliten der Welt vertreten ist, Folgendes geäußert:

> *»In zehn Jahren wird Bargeld wahrscheinlich nicht mehr existieren.*
> *Es ist einfach schrecklich ineffizient.«*

Wenn man so etwas in solch einem ausgewählten Kreise von Wirtschaftsbossen, Geldadel, Politikern und Bankenvorständen äußert und als Marschrichtung vorgibt, muss man kein Prophet sein, um zu wissen, wo die Reise hingehen soll.

Und das sagt der Vorstandsvorsitzende der Deutschen Bank, die über 7000 offene Klagen gegen sich hatte. Sie ist heute in der Öffentlichkeit zu Recht als Skandalbank verschrien. So hat sie den Libor- und Euribor-Zinssatz und den Goldpreis manipuliert, Steuerhinterziehung initiativ beraten, Geldwäsche zugelassen und vieles mehr. Schadenszahlungen in Milliardenhöhe musste sie wegen dieser Vergehen bisher bezahlen.

Die Deutsche Bank hat mit ihrem Wirken in den letzten Jahrzehnten bewiesen, dass sie alles nur zu ihrem eigenen Interesse ausnutzt und auch vor Gesetzesbrüchen nicht zurückschreckt. Das Wohl der Gesellschaft hat sie dabei sicher nicht im Sinne. Ausgerechnet diese Bank fordert indirekt die Abschaffung des Bargeldes mit einer Begründung, die bewiesenermaßen falsch ist.

Bevor wir im Schlamm der Deutschen Bank versumpfen, möchte ich gleich auf die nächste Bank eingehen. Die HSBC.

HSBC

Diese Bank kam in Verruf, weil sie für den Drogen- und Waffenhandel Geld gewaschen hat. Genau diese Bank hat ihren Kunden 2014 eine Bargeldabhebung über 3000 Euro verweigert.
Nur wenn ein Kunde glaubhaft begründen konnte, wofür er das Geld braucht, wurde ihm auch mehr Bargeld ausbezahlt. Der Grund, den die Bank hierfür angegeben hat, ist regelrecht irritierend:
Geldwäsche zu verhindern.

Bei jeder Bank, die ich oben angeführt habe, könnte ich viele solcher Beispiele aufführen. Zusammengefasst kann man resümieren, dass all diese Banken Skandalbanken sind, die in der Vergangenheit sehr fragwürdige Geschäfte gemacht haben. Geschäfte, die nicht im Interesse der Gesellschaft sind. Ausgerechnet sie betreiben mit aller Macht die Bargeldabschaffung. Das sollte uns stutzig machen.
Dabei will ich es belassen und zu den staatlichen Banken übergehen.

Supranationale Banken

Das sind:

- EZB
- IWF
- Weltbank
- BIZ

EZB (Europäische Zentralbank)

Eine supranationale (überstaatliche) Bank wie die EZB würde von einer Bargeldabschaffung gewaltig profitieren. So hat sie seit der letzten Bankenkrise fast sämtliche Pfeile zur Bekämpfung einer Wirtschafts-, Banken- oder Währungskrise verschossen.
Sie braucht dringend neue Pfeile in ihrem Köcher, um die nächste Krise bewältigen zu können. Eine Bargeldabschaffung würde ungeahnte Möglichkeiten dafür öffnen. Wie bereits gesagt kann die EZB dann Bankenruns verhindern, Negativzinsen einführen und dieses Geld zur Stabilisierung der Banken verwenden. Sie kann jederzeit dominant und zu weiten Teilen außerhalb von direktem demokratischem Einfluss Entscheidungen treffen, so wie wir es an der Abschaffung des 500-Euro-Scheins leicht erkennen können. Selbst an den Haaren herbeigezogene Argumente kann sie dafür verwenden. Notenbanken wie die EZB sind ein wesentlicher Bestandteil der entstehenden Finanzdiktatur.

Wichtig ist zu erkennen, welchen Aufgaben staatliche Banken eigentlich folgen. Letzten Endes tragen sie Sorge dafür, dass es den Banken gut geht und diese jederzeit gutes Geld verdienen können. Der Konkurs einer Bank ist in jedem Falle zu vermeiden. Sie breiten einen Schutzschirm über den Banken auf und tragen Sorge für deren wirtschaftliche Interessen. Auch die defensive Haltung der EZB bei der Einschränkung des Bargeldes ist es wert, etwas genauer betrachtet zu werden. So hat sie in allen Währungsangelegenheiten ein sogenanntes Anhörungsrecht.

Wenn ein Land im Euro-Währungsgebiet Bargeld eingrenzen möchte, muss die EZB als oberster Währungshüter dem zustimmen und hat das Recht, das Land hierzu zu befragen. So hat die EZB eine Doktrin (Grundsatz) entwickelt, an die sich die EZB bei allen Gesetzesinitiativen hält. Das Direktionsmitglied Yves Mersch beschreibt diese wie folgt:

> *»[...] insbesondere die Bekämpfung von Geldwäsche, Terrorfinanzierung und Steuerhinterziehung [wurden] als legitime Zwecke von der EZB anerkannt.«*

Das ist letzten Endes für alles ein Freibrief.
So muss sich ein Staat im Euro-Währungsgebiet nur auf diese Doktrin berufen und er kann sich sicher sein, dass er seinen Segen und somit freie Fahrt für sein Anliegen von der EZB erhält. Die EZB hat bisher noch kein Anliegen eines Mitgliedsstaates zur Eingrenzung des Bargeldes abgelehnt. So konnten zahlreiche Euroländer Bargeldobergrenzen festlegen. Die EZB legt der Einschränkung des Bargeldverkehrs keine Steine in den Weg.
Und sogleich verlassen wir auch diesen Morast und sehen uns Folgendes an:

Staatliche Institutionen

Hierzu zählen:

- Europäische Kommission
- Regierungen
- Finanzministerien

Die Europäische Kommission ist in die Bargeldabschaffung sehr tief involviert.
Bekanntlich ist Brüssel von abertausenden Lobbyisten durchdrungen. Schätzungsweise 25.000 Lobbyisten mit einem Jahresbudget von 1,5 Milliarden Euro nehmen in Brüssel Einfluss auf die EU-Institutionen. Sie genießen privilegierte Zugänge zu den Kommissaren. Und sie überhäufen die Abgeordneten mit ihren Änderungsanträgen für Gesetzesvorlagen.

Die Finanzindustrie ist besonders aktiv. Dass ein Gesetz wie die Münzgeldprüfverordnung, die ich am Anfang des Buches schon ausgeführt habe, durchgesetzt wird, ist ein typisches Beispiel für das Werk der Lobbyisten.

Ökonomen

Das sind:

- Kenneth Rogoff, ehemaliger Chefökonom des IWF,
- Lawrence Summers, ehemaliger Chefökonom der Weltbank,
- Willem Buiter, Chefökonom der Citigroup,
- Andrew Haldane, Chefökonom der Bank of England,
- Peter Bofinger, ehem. Mitglied der 5 Wirtschaftsweisen Deutschlands.

Die Ökonomen äußern sich zur Bargeldabschaffung am direktesten.
Aus meiner Sicht werden sie vorausgeschickt, um in der Gesellschaft zur Bargeldabschaffung ein neues Bewusstsein zu schaffen. So fordert Kenneth Rogoff unmissverständlich die Abschaffung des Bargeldes und hat hierzu auch ein dickes Buch geschrieben.

Auch er hat schon beim Wirtschaftsforum in Davos in den erlauchten Kreisen die Bargeldabschaffung gefordert. Ohne Grund wird man zu solch einem wichtigen Treffen wie diesem Wirtschaftsforum nicht als Redner eingeladen.

Lobbyorganisationen

Dies sind:

- Better Than Cash Alliance, Sitz in New York,
- Group of Thirty, Sitz in Washington,
- Global Partnership for Financial Inclusion.

Es gibt sehr vernetzte Macht- und Lobbyorganisationen. Exemplarisch möchte ich die Group of Thirty herausgreifen.

In diesem erlauchten Kreise von nur 30 Personen sind Bargeldverbot-Befürworter, wie schon oben erwähnt, stark vertreten. So sind die Ökonomen Kenneth Rogoff und Lawrence Summers, diverse Großbanken und auch Mario Draghi (ehem. Präsident der EZB und ehemals Vizepräsident der Bank Goldman Sachs) Mitglieder.

Das ist eine unglaubliche Vernetzung. Insbesondere dass ein amtierender Notenbankpräsident wie Mario Draghi in dieser Lobbygruppe am gleichen Tisch mit Vorstandsvorsitzenden von Großbanken sitzen konnte, ist nichts anderes als ein Skandal. In seiner Funktion hätte er Neutralität wahren müssen, da er die Banken kontrollieren und gegebenenfalls deren Zulassung entziehen musste. An diesem Beispiel kann man jedoch die gute Vernetzung der Bargeldverbot-Befürworter wunderbar erkennen. Interessenkonflikte sind vorprogrammiert.

Spannend ist auch die Internetseite der Better Than Cash Alliance. Dort kann man sehr imposant sehen, wie diese Lobbygruppe, die unter anderem von Citigroup, Visa und Mastercard finanziert wird, die digitalen Zahlungssysteme voranpeitscht. Gleich auf der Startseite steht geschrieben:

> *»Wir fördern den Übergang vom baren zum digitalen Zahlungsverkehr in einer Weise, die das Leben verbessert […].«*

Datenkraken

Beispiele hier sind:

- Google
- PayPal
- Amazon

Selbstverständlich spielen die Datenkraken bei der Bargeldabschaffung und bei der Schaffung des gläsernen Bürgers eine wichtige Rolle. Man weiß heute auch, dass die Geheimdienste auf die Daten Zugriff haben.
Natürlich gibt es noch einige weitere Akteure auf dem Markt, aber ich möchte das Thema hiermit abschließen.
Es ist uns jetzt allen sicherlich etwas bewusster geworden, dass die Bargeldabschaffung auf den höchsten Ebenen vorangetrieben wird und uns das aufrütteln sollte.
Nachfolgend möchte ich noch auf ein paar grundsätzliche Themen eingehen, die Sie bei Ihren eigenen zukünftigen Auswertungen unterstützen können.

Geschieht die Abschaffung des Bargeldes zufällig oder steckt dahinter eine Verschwörung?

Vermutlich wären nur Insider in der Lage, das abschließend zu beantworten, wie es z. B. bei der NSA-Affäre und Edward Snowden der Fall war. Der Preis für Edward Snowden war jedoch sehr hoch. So muss er sich vermutlich sein Leben lang verstecken, da ihn der Staat zur Rechenschaft ziehen möchte. Das soll natürlich weitere Whistleblower abschrecken. Da es im Bereich Bargeldabschaffung aktuell keine Insider gibt, die bereit sind, solch eine Verschwörung offenzulegen und ihr Leben dafür zu ruinieren, sind wir als mündige Bürger gefordert.
Auch wenn ich das Buch »Das Bargeldkomplott« nenne, möchte ich

bewusst nicht plakativ beantworten, ob dahinter ein weltumspannendes Komplott steht. Es soll jedoch einen starken Scheinwerfer auf die vielfältigen Geschehen in der Finanzindustrie und in anderen Machtebenen richten. Treffen Sie Ihre eigenen Schlussfolgerungen.

Hierzu noch ein paar wichtige Hinweise:

Machtmenschen

Ich persönlich habe ein sehr positives Menschenbild und weiß, dass der Mensch letzten Endes im Kern immer gut ist. Aber es gibt in unserer Gesellschaft vereinzelt Menschen, bei denen das Gute so sehr verschüttet ist, dass man sich ihnen nicht anvertrauen sollte.
Der amerikanische Buchautor Robert Greene hat hierzu recherchiert und ein Buch geschrieben, wie solche Menschen denken und handeln. Das Buch heißt »Die 48 Gesetze der Macht«.
Nachfolgend einige der Gesetze:

Gesetz 2:	Vertraue deinen Freunden nie zu sehr – bediene dich deiner Feinde
Gesetz 3:	Halte deine Absichten stets geheim
Gesetz 5:	Ohne einen guten Ruf geht nichts – schütze ihn mit allen Mitteln
Gesetz 11:	Mache Menschen von dir abhängig
Gesetz 15:	Vernichte deine Feinde vollständig
Gesetz 17:	Versetze andere in ständige Angst
Gesetz 20:	Scheue Bindungen, wo immer es geht
Gesetz 26:	Mache dir nicht die Finger schmutzig
Gesetz 29:	Plane alles bis zum Ende
Gesetz 31:	Lass andere mit den Karten spielen, die du austeilst
Gesetz 33:	Für jeden gibt es die passende Daumenschraube
Gesetz 38:	Denk, was du willst, aber verhalte dich wie die anderen
Gesetz 42:	Erschlage den Hirten, und die Schafe zerstreuen sich

Ich muss gestehen, dass ich das Buch nicht zu Ende gelesen habe. Ich habe es nicht durchgehalten, da ich beim Lesen regelrecht einen Brechreiz bekommen habe. Wenn ich in meinem Leben nicht auch 2–3 Mal solche Menschen getroffen hätte, würde ich vermutlich nicht glauben können, dass man so denken und handeln kann.
Aber eine Sache kann ich ganz sicher sagen. Solche Menschen gab es, gibt es und wird es auch in Zukunft geben. Es ist nicht die Masse der Menschen, die so denkt und handelt. Es ist nur eine ganz winzige und verschwindend geringe Anzahl. Aber es gibt sie nachweislich. Sie werden von Macht regelrecht angezogen. Mao, Hitler, Stalin sind Beispiele dafür.

Es ist daher nicht auszuschließen, dass im Hintergrund der Bargeldabschaffung solche Menschen stehen. Wir müssen nicht zwingend davon ausgehen, aber es wäre fahrlässig, es vollständig auszuschließen.

Strippenzieher

Machtmenschen sind meistens gleichzeitig Strippenzieher.
Das bedeutet, dass sie sich selbst nicht die Hände schmutzig machen, sondern die Strippen raffiniert und unbemerkt ziehen. Außerdem meiden Strippenzieher in der Regel die Öffentlichkeit. Wenn man in der Öffentlichkeit ist, ist man auch leicht zu erkennen und kann schnell zur Rechenschaft gezogen werden.
Aus diesem Blickwinkel heraus könnte es sogar sein, dass alle oben angeführten Institutionen, die die Bargeldabschaffung beweisbar vorantreiben, nur Werkzeuge sind und im Hintergrund ganz andere Menschen die Strippen ziehen.
Wenn man das nachweisen wollte und einen oder mehrere investigative Journalisten darauf ansetzen würde, könnten ihre Recherchen auf folgendem Fundament aufbauen:

- Verfolge die Geldflüsse,
- suche den Nutznießer!

Ich persönlich werde die Recherchen nicht machen und den Beweis führen, weil ich meine Lebensaufgabe woanders sehe. Es spielt für mich am Ende auch keine entscheidende Rolle, ob nun dahinter eine Verschwörung steckt, ob Strippenzieher ihre Finger im Spiel haben oder ob die Bargeldabschaffung das Ergebnis unglücklicher Zufälle ist.
Wenn wir nichts unternehmen und die Entwicklung wie bisher weitergeht, wird die Bargeldabschaffung so oder so bald Realität sein.

Wer noch tiefer in das Thema »Wer betreibt die Bargeldabschaffung?« eintauchen möchte, dem empfehle ich das Buch »Schönes neues Geld« von Dr. Norbert Häring. Er ist Wirtschaftsjournalist des Handelsblattes und hat zu den Hintergründen der Bargeldabschaffung tiefgründig, schlüssig und wissenschaftlich recherchiert.

Warum wird die Bargeldabschaffung nicht offen, sondern mit falschem Vorwand und Lügen vorangetrieben?

Die Frage ist ganz einfach und plausibel zu beantworten.
Stellen wir uns einfach vor, dass wir eine Bank ausrauben wollen. Wie würden wir das anstellen? Vermutlich würden wir einen geheimen Plan aushecken, vertrauenswürdige Komplizen suchen, die wir an der Beute beteiligen müssen. Es wären Waffen und Fluchtwagen zu besorgen. Wahrscheinlich gibt es noch vieles mehr zu bedenken.
Wir würden versuchen, alles möglichst geheim zu halten, damit unser Plan auch funktioniert und wir am Ende nicht im Gefängnis landen. Das wäre ungefähr unsere Vorgehensweise.
Oder würden wir über unseren Plan und unser Vorhaben öffentlich reden und es bekannt geben? Würden wir zusätzlich den genauen Tag, Ort und Zeitpunkt unseres Banküberfalls dem Bankfilialleiter und der Kriminalpolizei vorab mitteilen? Ich glaube, dass kaum jemand so naiv wäre, das zu tun.

Es ist etwas ganz Normales, dass Menschen, die etwas Unrechtes tun, die einem anderen etwas wegnehmen wollen oder etwas zum Schaden aller unternehmen, es nicht offen kommunizieren, sondern im Geheimen halten.

Betrachten wir das Thema Bargeldabschaffung aus diesem Blickwinkel. 90 % der Bundesbürger sind gegen eine Bargeldabschaffung. Wie würde es wohl bei ihnen ankommen, wenn jemand sagt: »Wir wollen das Bargeld abschaffen, damit wir jederzeit auf euer Geld zugreifen können, damit wir jeden Abweichler ausschalten können, damit wir mit eurem Geld jeden Krieg, der uns genehm ist, finanzieren können«?

Können Sie sich vorstellen, dass auch nur ein Politiker den Wunsch einer Bargeldabschaffung öffentlich propagieren und fordern würde? Das wäre aktuell politischer Selbstmord. Er würde ganz sicher bei der nächsten Wahl abgewählt werden. Auch andere Machthaber, die von Wahlen nicht abhängig sind, würden solch einen Plan nicht publik machen, da sie damit den Groll der Bevölkerung auf sich ziehen würden.
Hierzu schickt man andere, unbedarfte Menschen voraus wie angesehene Ökonomen oder initiiert es so, dass es dem Gros der Bevölkerung erst gar nicht auffällt und keiner etwas bemerkt.

Die Bargeldabschaffung muss also geleugnet und im Geheimen gehalten werden. Sie als Leser wissen spätestens seit diesem Buch, dass von der Bargeldabschaffung sehr mächtige Menschen enorm profitieren.

Würden Sie als Machtmensch, wo Ihr höchstes Ziel es ist, die Macht zu besitzen, sich solch eine Chance entgehen lassen?

DIE SCHRITTE ZUR ABSCHAFFUNG DES BARGELDES

Die Bargeldabschaffung läuft in kleinen, scheinbar unbedeutenden Schritten und von der Öffentlichkeit unbemerkt und schleichend ab. Dies wird bewerkstelligt, indem

1. die Stellung des Bargeldes geschwächt wird und
2. die Stellung des Giralgeldes gestärkt und gefördert wird.

Auf den folgenden Seiten werde ich diese beiden Punkte detailliert betrachten und beschreiben.

1. Die Stellung des Bargeldes wird geschwächt

Bargeld hat in unserer Gesellschaft immer noch eine hohe Bedeutung und wird besonders in Deutschland noch sehr geschätzt.

Diese Dominanz versucht man nun folgendermaßen zu reduzieren: Man drängt das Bargeld in die Ecke, macht den Umgang damit umständlich und künstlich teuer, indem man es z. B. mit Gebühren belegt. Seine scheinbaren Nachteile werden hervorgehoben und die Vorteile und der Nutzen für den Menschen werden ignoriert. Es werden Unwahrheiten über Bargeld verbreitet, die gesetzlichen Grundlagen von Bargeld umgangen, ignoriert, gebrochen oder mit allen Raffinessen geändert. Bei all diesen Aktionen geht es letztendlich darum, die Stellung von Bargeld in der Gesellschaft zu schwächen und zu reduzieren.

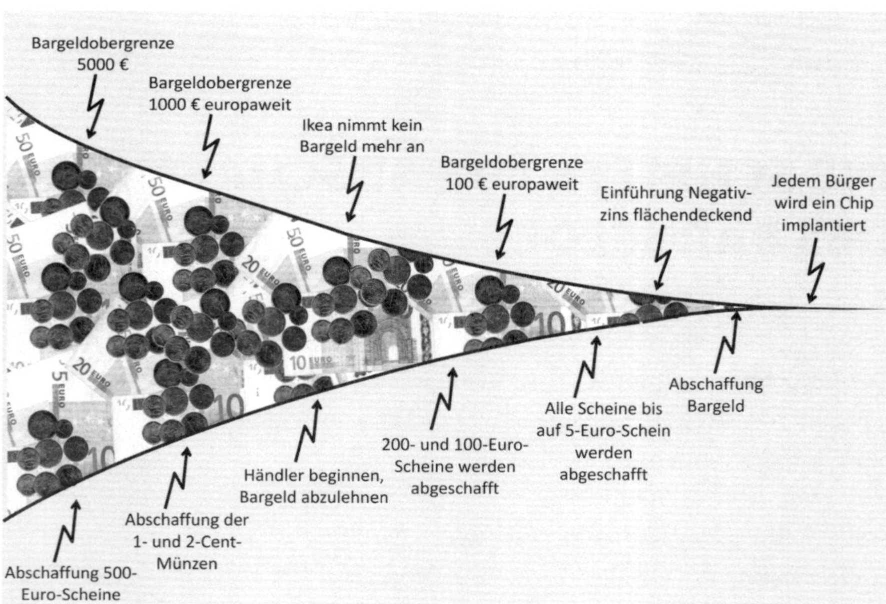

2. Die Stellung des Giralgeldes wird gestärkt und gefördert

Im gleichen Zuge wird Giralgeld auf allen Ebenen gefördert: So subventionieren die Banken die digitale Zahlung mit riesigen Milliardensummen, stellen es beim Verbraucher als billiges oder kostenloses Zahlungsmittel dar und bewerben es mit riesigen PR-Kampagnen als fortschrittlich und modern. Im gleichen Zuge werden die Nachteile von Giralgeld ignoriert oder sogar als Vorteil verkauft. Zudem wird die nachfolgende Generation bereits von Kindesbeinen an das kontaktlose Bezahlen gewöhnt.

Auch wenn die Angriffe auf das Bargeld einzeln betrachtet unbedeutend erscheinen, haben sie in der Summe eine gewaltige Auswirkung. Das wird einem erst dann so richtig bewusst, wenn man alle bisher getätigten Schritte zur Eingrenzung oder Abschaffung des Bargeldes zusammenstellt. Man realisiert dann auch, wie weit die Bargeldabschaffung eigentlich schon fortgeschritten ist. Sie können auf www.bargeldverbot.info ein Schaubild kostenlos herunterladen. Es wird Ihnen eine stets aktuell gehaltene Übersicht über die Angriffe auf das Bargeld geben.

Nach dem Prinzip der Salamitaktik wird die Bargeldabschaffung Scheibe für Scheibe, Schritt um Schritt vorangetrieben. Das Grundprinzip dahinter hat Herr Jean-Claude Juncker, ehemaliger Präsident der Europäischen Kommission, einst wie folgt formuliert:

> *»Wir beschließen etwas, stellen das dann in den Raum und warten einige Zeit ab, was passiert. Wenn es dann kein großes Geschrei gibt und keine Aufstände, weil die meisten gar nicht begreifen, was da beschlossen wurde, dann machen wir weiter – Schritt für Schritt, bis es kein Zurück mehr gibt.«*

Und exakt nach diesem Prinzip wird die Bargeldabschaffung vorangebracht. Auch wenn diese Taktik in der Politik heute schon weit verbreitet ist, ist sie letztendlich unehrlich, verlogen und mit Sicherheit nicht zum Vorteil der Bürger.

Menschen, die Ziele verfolgen, die zum Schaden anderer sind, müssen tatsächlich dieses Prinzip anwenden und ihre Pläne und Absichten im Dunkeln halten, da sie ansonsten jede Unterstützung verlieren, ja sogar um ihr Wohl bangen müssten.

Auch wenn uns Machthaber wie Notenbanken, IWF oder diverse Politiker gebetsmühlenartig versichern, dass sie das Bargeld nicht abschaffen wollen, werden ihre Absichten von ihren Taten verraten. Schon in einem unserer ältesten Bücher, der Bibel, steht geschrieben: »An ihren Früchten werdet ihr sie erkennen.« (Matthäus, Kapitel 7, Vers 16.)
So hat sich auch schon der IWF mit seinem Arbeitspapier WP/17/71 aus 2017 versehentlich offenbart. Hier einige ins Deutsche übersetzte Passagen:

> *»[...] völlige Bargeldlosigkeit sollte phasenweise in Schritten vollzogen werden. Die Abschaffung des Bargeldes könnte auf anfänglich völlig unumstrittenen Schritten basieren, wie große Banknoten abzuschaffen, eine Obergrenze für Bartransaktionen einzuführen und das Registrieren von Bargeldbewegungen über die Grenzen. Weitere Schritte könnten beinhalten, dass man wirtschaftliche Anreize einführt, um Bargeldtransaktionen zu reduzieren, indem man das Eröffnen und Verwenden von Konten, von denen man bargeldlos überweisen kann, vereinfacht und das Finanzsystem weiter computerisiert.«*

> *»Es ist vorzuziehen, dass der private Sektor die Bargeldabschaffung betreibt und nicht der staatliche Sektor. [...]. Wenn der Staat die Abschaffung des Bargeldes betreibt, erscheint es fragwürdiger und die Leute könnten Einwände dazu haben. [...]. Auf jeden Fall sollte der verführerische Versuch, das Bargeld durch ein Dekret abzuschaffen, verhindert werden, wenn man bedenkt, wie sehr die Leute das Bargeld mögen. Eine PR-Kampagne ist notwendig, um irgendwelche Verdachtsmomente bezüglich der Bargeldabschaffung zu beschwichtigen, ganz besonders die Idee, dass die Behörden versuchten, alle Aspekte vom Leben der Leute zu kontrollieren, insbesondere ihren Gebrauch von Geld oder die Idee, dass ihr persönlich Erspartes in Banken gezwungen würde.*

Die Bargeldabschaffung würde mehr Zugkraft gewinnen, wenn der Prozess auf individuellem Konsumentenwillen und Kostenvorteilen bestehen würde.«

»Koordinierte Anstrengung bei der Bargeldabschaffung könnte die positiven Wirkungen verstärken und mögliche Kosten reduzieren. Mindestens auf der Ebene der führenden Länder und der führenden Währungen sollten Behörden ihre Bargeldabschaffungsanstrengungen koordinieren. Solch eine Koordination ist ganz speziell wichtig bei der Entscheidung, größere Banknoten bei allen wichtigen Währungen abzuschaffen, Obergrenzen und andere Restriktionen für Bartransaktionen festzulegen und Meldepflichten für Bartransaktionen oder ihre Besteuerung einzuführen. Innerhalb eines Währungsraumes wäre es sinnvoller, Richtlinien für den ganzen Raum festzulegen statt nur für einzelne Länder. Und schlussendlich ist eine Übereinstimmung zwischen dem öffentlichen und dem privaten Sektor und eine PR-Kampagne über die Vorteile und die Vorgehensweise bei einer graduellen Abschaffung eine unerlässliche Grundvoraussetzung bzw. Schlüsselfunktion für einen Erfolg.«

Das waren die Absätze 52, 53 und 56 des IWF-Arbeitspapiers. Originaltext in Englisch: www.imf.org/en/Publications/WP/Issues/2017/03/27/The-Macroeconomics-of-De-Cashing-44768

Als ich diese Zeilen gelesen habe, ist mir die Spucke weggeblieben. Hier ist exakt das ausgedrückt, was auch meine jahrelange Recherche und Forschung zur Bargeldabschaffung als Ergebnis hervorgebracht hat. Dass der IWF nun den Fehler begeht, das in seinem Arbeitspapier zu äußern, ist aus deren Sicht ein gewaltiger Fauxpas. Uns kann es jedoch recht sein, da es auch dem letzten Kritiker nun einleuchten muss, dass die Bargeldabschaffung real ist und mit höchster Raffinesse von höchster Instanz wie dem IWF initiiert wird. Das Optimum für die Initiatoren wäre, die Bargeldabschaffung ohne Aufstände und großes Geschrei einführen zu können. Am besten sogar mit der Zustimmung der Bevölkerung, indem man sie so konditioniert, dass sie das teure, dreckige, von Bakterien verseuchte, kriminelle, steuerhinterzogene Bargeld nicht mehr haben will. Das dauert jedoch seine Zeit.

Der Turbo

Um den schleichenden Prozess zu beschleunigen, wird sozusagen immer wieder der Turbo eingeschaltet. Das Zauberwort hierzu heißt: terroristischer Anschlag. Er wird instrumentalisiert, um die Bargeldabschaffung zu forcieren, indem z. B. klarste Gesetze zu Ungunsten des Bargeldes aufgeweicht werden.

Das Finale

All die oben angeführten Strategien werden jedoch in naher Zukunft vermutlich nicht die komplette Bargeldabschaffung erzwingen können. Um dem Bargeld den Todesstoß zu versetzen, braucht es nämlich ein besonderes Ereignis, bei dem man für die Bargeldabschaffung auch die Bevölkerung hinter sich bekommt. Hierzu möchte ich das folgende realistische, aber erfundene Szenario beschreiben:

Chinas Wirtschaft schwächelt und das Wachstum liegt nur noch bei knapp über 0 %. Die USA haben schon seit 2 Jahren eine Rezession. Brasilien und Argentinien versinken in der Depression.

Die USA sowie China versuchen ihre Wirtschaft zu schützen, indem sie auf Importe hohe Strafzölle verhängen.
Der internationale Handel kommt fast zum Erliegen. In Deutschland bangt jeder Vierte um seinen Job. Besonders bei der Autoindustrie, aber auch bei fast allen anderen deutschen Großkonzernen gibt es Massenentlassungen.

Die Arbeitslosenzahl hat mit 9,3 Millionen den höchsten Stand seit Bestehen der Bundesrepublik erreicht. Die Weltwirtschaftskrise trifft den ehemaligen Exportweltmeister mit voller Wucht. Die ersten gesetzlichen Krankenkassen müssen wegen der wegbrechenden Einnahmen, verursacht durch die hohe Arbeitslosenzahl, Insolvenz anmelden. Auch die anderen Sozialsysteme stehen kurz vor dem Kollaps. Die deutschen Banken befinden sich in einer großen Krise, weil sie durch die Insolvenz vieler ihrer Firmenkunden hohe Ausfälle haben.

Der Bankenrun auf die Commerzbank konnte nur noch mit einschneidenden Kapitalverkehrskontrollen abgewendet werden. Niemand kann mehr als 70 Euro pro Tag bei der Bank abheben.

Der IWF, die Europäische Kommission sowie die EZB haben den Ausnahmezustand ausgerufen und in einer Krisensitzung folgenden Beschluss gefasst, der vom EZB-Präsidenten verkündet wird:

»In der Funktion als oberster Währungshüter des Euros und auf Grundlage der EZB-Satzung hat der EZB-Rat zur Rettung des Euros sowie zur Bewältigung der seit längerem anhaltenden Wirtschaftskrise Folgendes beschlossen:
Ab sofort ist die Nutzung von Bargeld als Zahlungsmittel verboten. Das Bargeld verliert jedoch nicht an Wert, sofern es bis Ende des Jahres bei den Banken einbezahlt wird. Dieser Schritt ist notwendig, um die Banken zu rekapitalisieren und Bankenruns zu unterbinden. Die bestehenden Kapitalverkehrskontrollen können damit voraussichtlich schon am 1. Januar aufgehoben werden.
Außerdem hat der EZB-Rat einstimmig beschlossen, Negativzinsen von 6 % einzuführen, damit die Bürger ihr Geld nicht mehr horten, sondern es wieder in den Konsum fließt und die Wirtschaft belebt wird.«

Auch wenn in Deutschland einige kritische Stimmen laut werden, begrüßt die Mehrheit der Bundesbürger die Entscheidung der EZB. Die Mehrzahl der Bürger hat die Hoffnung, dass Deutschland bald wieder die wirtschaftliche Stellung wie einst erlangt und man keine Angst mehr um seinen Arbeitsplatz haben muss.

Denn auch wenn wir dafür das liebgewonnene Bargeld opfern müssen, ist es besser, als in stetiger Angst zu leben, seinen Arbeitsplatz zu verlieren und seine Familie nicht mehr ernähren zu können.

Dieses Szenario ist aus meiner Sicht sehr realistisch. Ich gehe davon aus, dass bereits bei der nächsten größeren Weltwirtschaftskrise die ersten Versuche zur kompletten Abschaffung des Bargeldes gestartet werden.

Das Mittel des letzten Szenarios wird natürlich nur gezogen, wenn die anderen beiden nicht effektiv greifen sollten. Denn es wird mit allen Mitteln versucht, das Bargeld nicht per Dekret abzuschaffen. Das wäre zu offensichtlich.

Und zudem wurden die Weichen zur Bargeldabschaffung so raffiniert gestellt, dass sie eine automatische Folge und nur noch eine Frage der Zeit sein wird. Im nächsten Kapitel gehe ich darauf ein und erkläre die Zusammenhänge und Mechaniken, die im Hintergrund wirken. Bargeld hat auf der aktuellen Grundlage keine Überlebenschance. In Wirklichkeit steht es um unser Bargeld viel schlimmer, als man sich vorstellen kann.

Das nächste Kapitel ist eines der wichtigsten des gesamten Buches!

IST BARGELD SCHON VERLOREN?

Bargeld hat kaum noch eine Chance – die Weichen sind raffiniert und listig gestellt

Viele Menschen sind sich der tatsächlichen Gefahr einer Bargeldabschaffung nicht ansatzweise bewusst und behaupten:

- Bargeld will keiner abschaffen.
- Die Bargeldabschaffung ist unrealistisch und wird nicht kommen.
- Die Bargeldabschaffung ist Schwarzmalerei.
- Bargeld wird immer bleiben.

Die größte Gefahr ist jene, die man nicht erkennt und wahrnimmt.

Hierzu ein Beispiel:

Stellen wir uns vor, dass ein hungriger Löwe vor uns steht, der uns auffressen möchte. Wir würden die Gefahr nicht wahrnehmen oder, vielleicht noch schlimmer, den Löwen mit einer Schmusekatze verwechseln. Was denken Sie, wie hoch wird unsere Überlebenschance sein? Sie wird vermutlich gegen null gehen.

Wie hoch ist jedoch unsere Überlebenschance, wenn wir die Gefahr erkennen? Erst dann sind wir in der Lage, etwas zu unternehmen und aktiv zu werden. Wir können um Hilfe schreien, wegrennen, ein Messer ergreifen, in ein Haus rennen und uns verbarrikadieren. Wir haben auch dann zwar nicht die Gewissheit, aus dieser Situation unbeschadet herauszukommen, aber unsere Überlebenschancen haben sich in jedem Falle erhöht.

Es ist von entscheidender Bedeutung, in vollem Umfang zu realisieren und zu erkennen, dass eine Bargeldabschaffung kaum noch aufzuhalten ist. Ja, Bargeld ist sogar bereits dem Tode geweiht. Im jetzigen Umfeld hat es keine Überlebenschance. Es wurde ein Sterbeprozess eingeleitet, der die nächsten Jahre an Fahrt gewinnen und eine Bargeldabschaffung erzwingen wird. Die Weichen hierzu wurden so raffiniert gestellt, dass der Sterbeprozess kaum wahrgenommen wird.

Auf den folgenden Seiten zeige ich die Fakten auf.

Der scheinbare gesetzliche Schutz des Bargeldes

»Auf Euro lautende Banknoten sind das einzige unbeschränkte gesetzliche Zahlungsmittel.«

Exakt diese Formulierung steht in § 14 Bundesbankgesetz. Fast identisch wie in Art. 16 der EZB-Satzung und in Art. 128 des Vertrags über die Arbeitsweise der Europäischen Union.
Als Erklärung dazu schreibt die Deutsche Bundesbank:

»Als gesetzliches Zahlungsmittel bezeichnet man das Zahlungsmittel, das niemand zur Erfüllung einer Geldforderung ablehnen kann, ohne rechtliche Nachteile zu erleiden.«

Quelle: Eintrag »Gesetzliches Zahlungsmittel« im Glossar auf www.bundesbank.de

»Gesetzliches Zahlungsmittel« bedeutet somit Annahmezwang.
Das bedeutet, dass z. B. jeder Einzelhändler Eurobanknoten in unbegrenztem Umfang akzeptieren muss. Diese Interpretation wurde viele Jahre lang von Fachleuten geteilt. Händler mussten also Bargeld akzeptieren. Das war auch über Jahrzehnte hinweg die gängige Praxis. Eine Kreditkarte oder eine EC-Karte durfte abgelehnt werden.
So gesehen ist die Bargeldabschaffung nur sehr schwer möglich. Theoretisch müssten hierzu die oben genannten Gesetze geändert werden. Das ist in der Praxis jedoch kaum durchzusetzen.

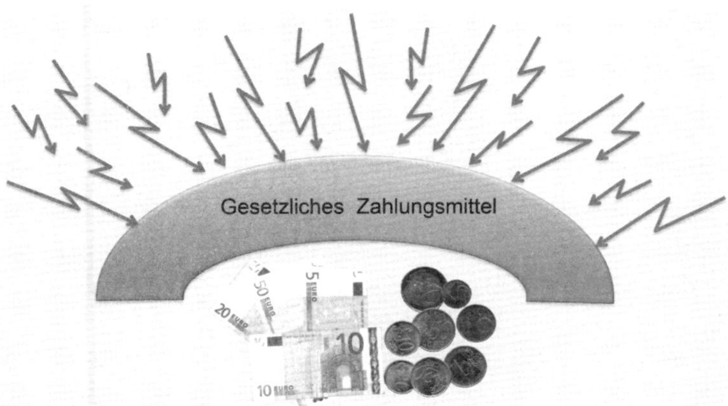

Die Interpretation des Gesetzes macht das Bargeld schutzlos

Innerhalb Europas gibt es unterschiedliche Auffassungen zum Begriff gesetzliches Zahlungsmittel. Daher hat die Europäische Kommission mit der Empfehlung Nr. 2010/191/EU erlassen:

> *»Gesetzliches Zahlungsmittel« bedeutet: Annahmezwang, »sofern sich die Parteien nicht auf andere Zahlungsmittel geeinigt haben«.*

Dieser Zusatz verändert alles: Beispielsweise kann eine Tankstelle in ihren AGB festlegen, dass keine 200- oder 500-Euro-Scheine angenommen werden. Wenn sie das entsprechend an der Tanksäule kenntlich macht, erklären wir uns mit dem Tanken automatisch damit einverstanden und dürfen mit diesen Scheinen nicht bezahlen.

Das weitergedacht kann der Einzelhändler sogar Bargeld komplett ablehnen. Das ist bereits in anderen Ländern wie z. B. in Schweden der Fall, obwohl auch dort Bargeld gesetzliches Zahlungsmittel ist.

Eine Kommissionsempfehlung ist rechtlich nicht bindend, aber alle entscheidenden Institutionen wie z. B. die EZB und die Deutsche Bundesbank haben sie übernommen.
Die Deutsche Bundesbank vertritt die Rechtsauffassung, dass Vertragsrecht über Öffentlichem Recht steht. So argumentierte ein hochrangiger Vertreter der Deutschen Bundesbank bei einem Bargeldsymposium wie folgt:

> *»In Deutschland ist die Vertragsfreiheit rechtlich gesehen höher zu bewerten als das Öffentliche Recht.«*

Daraus leitet er ab, dass der Einzelhandel Bargeld als Zahlungsmittel ausschließen darf, sofern der Händler das vertraglich, z. B. in seinen AGB, verankert hat. Die Argumentation hört sich gruselig an und ist kaum nachzuvollziehen. In der Tat gibt es hierzu auch andere Auslegungen.
Wie auch immer die Meinung der Juristen und Institutionen aktuell

aussehen mag, es gibt bisher kein höchstrichterliches Urteil zur Auslegung des Begriffs gesetzliches Zahlungsmittel.

Wir sollten jedoch die Interpretation der Europäischen Kommission, der EZB und der Deutschen Bundesbank als Grundlage annehmen.
»Gesetzliches Zahlungsmittel« bedeutet: Annahmezwang, »sofern sich die Parteien nicht auf andere Zahlungsmittel geeinigt haben«.
Das heißt, der Schutz für das Bargeld durch § 14 Bundesbankgesetz ist nur eine Farce.

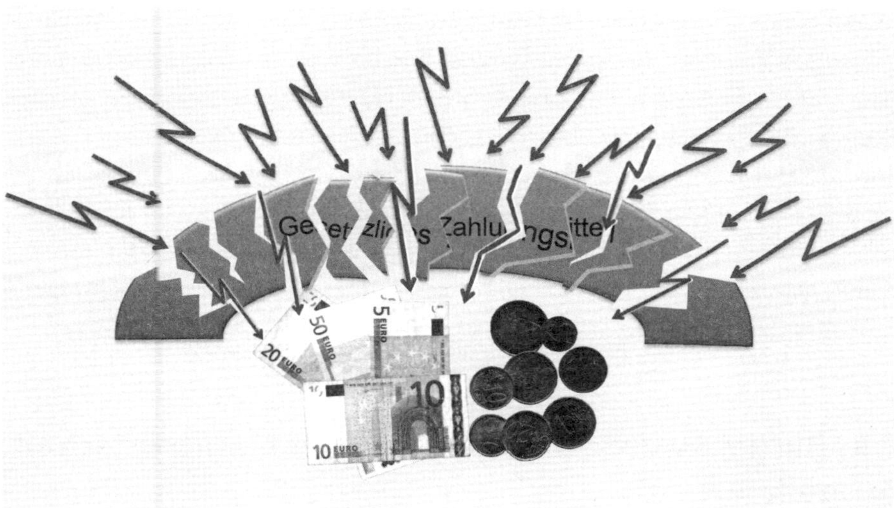

Die Dämme sind gebrochen. Bargeld kann in vielfältiger Form eingegrenzt und diskreditiert werden:

- Einzelhandel, Tankstellen, Restaurants können den 500-, 200- oder 100-Euro-Schein ablehnen.
- Die Annahme von Bargeld kann gänzlich verweigert werden.

Warum der Einzelhandel diese Möglichkeiten gerne aufgreift, werden wir im Laufe des Kapitels behandeln.
Wenn dieses Verhalten Schule macht, wird die Tendenz, immer weniger mit Bargeld zu bezahlen, steigen, ja regelrecht explodieren. Bargeldzahlungen werden stetig und in einer immer stärkeren Geschwindigkeit abnehmen.

Die Tragweite kann man an folgender Meldung aus Schweden erkennen, wo die Bargeldabschaffung viel weiter vorangeschritten ist:

> *»Wenn die Bargeldmenge weiterhin so schnell schrumpft, wird es schwierig, die finanzielle Infrastruktur aufrechtzuerhalten.«*

Bargeld braucht eine nicht unerhebliche Infrastruktur, also Bankomaten, Bankfilialen, Geldtransporter und einiges mehr. Es entstehen Fixkosten, die in jedem Falle anfallen, egal ob oft oder wenig mit Bargeld bezahlt wird. Wenn oft mit Bargeld bezahlt wird, verteilen sich die Kosten und Bargeld ist günstig. Wenn aber wenig mit Bargeld bezahlt wird, ist Bargeld extrem teuer, weil die Fixkosten nur auf wenige Geldtransaktionen verteilt werden können. Das ist eine betriebswirtschaftliche Gesetzmäßigkeit.
Irgendwann wird sich das Bargeld nicht mehr lohnen bzw. ist unverhältnismäßig teuer und kann nicht dauerhaft aufrechterhalten werden. Diese kritische Schwelle wird viel schneller erreicht werden, als sich die meisten Menschen vorstellen können. Die Gründe hierfür werde ich nachfolgend erklären.

Das Bargeld wurde den Gesetzen der Marktwirtschaft ausgeliefert

Mit der vorher beschriebenen Auslegung des gesetzlichen Zahlungsmittels unterliegt das Bargeld weitestgehend den Gesetzen der Marktwirtschaft. Diesen Wettbewerb kann das Bargeld nicht gewinnen, denn hier gilt folgendes Gesetz:

Marktwirtschaftliches Gesetz

Nicht das beste Produkt setzt sich auf dem Markt durch.
Sondern das mit dem höchsten Marketingbudget.

Nehmen wir an, wir haben zwei fast identische Produkte. Eines hat ein Werbebudget von null Euro und das andere hat viele Milliarden zur Verfügung. Welches wird sich auf dem Markt durchsetzen? Natürlich das Produkt mit dem hohen Werbebudget.
Aus dieser Sicht hat das Bargeld nicht einmal den Funken einer Chance, den Wettstreit zu gewinnen.

Das Bargeld hat keine Lobby. Das liegt daran, dass die Geldindustrie mit Bargeld kein Geld verdienen kann. Somit ist das Bargeld für die Geldindustrie völlig uninteressant. Für sie bedeutet es sogar eine gefährliche Konkurrenz für ihr Giralgeld, mit dem sie hohe Gewinne erzielt.

Dem Bargeld gegenüber steht eine riesige Lobby an Nutznießern von Giralgeld mit einem fast unlimitierten Werbebudget. Die Geldindustrie hat mit ihrem Werbebudget nun die Möglichkeit, durch Werbe- und Marketingmaßnahmen das Bewusstsein in der Gesellschaft zu beeinflussen und für ihre Ziele zu nutzen:
Einerseits werden in Werbebotschaften die Vorteile des Giralgeldes hervorgehoben, die Vielzahl an Nachteilen jedoch verschwiegen. Andererseits werden die Vorteile von Bargeld in diesem Zusammenhang nicht erwähnt oder sogar die scheinbaren Nachteile herausgestellt.

Diese Werbemaßnahmen wirken schon heute stark auf das Zahlungsverhalten der Bürger. Es ist nur noch eine Frage der Zeit, bis das Bargeld die Dominanz in unserer Gesellschaft verloren hat und immer stärker in den Hintergrund gedrängt wird. Und mit jeder Zahlung, die der Bürger nicht mehr mit Bargeld tätigt, wird das Bargeld teurer.

Weil das Bargeld vom Gesetzgeber und den staatlichen Institutionen dem Haifischbecken der Marktwirtschaft zum Fraß vorgeworfen wird, ist der Sterbeprozess des Bargeldes eingeleitet.

Ich halte es für ausgeschlossen, dass Institutionen wie die EZB oder die Deutsche Bundesbank, die von unzähligen Ökonomen und Betriebswirtschaftlern durchdrungen sind, diese marktwirtschaftlichen Zusammenhänge nicht kennen.

Damit das Bargeld bestehen kann, müsste es gesetzlich geschützt und von den staatlichen Institutionen protegiert werden. Das ist jedoch nicht ansatzweise erkennbar.
Hierzu eine Aussage von Herrn Weidmann, dem Bundesbankpräsidenten:

> *»Wir wollen den Bürgern die Zahlungsart ermöglichen,*
> *die sie sich wünschen.«*

Das ist eine sehr freundliche Formulierung, die Neutralität vermittelt. In Wahrheit lässt man mit einer solch passiven Haltung die Bargeldabschaffung gewähren.

Denn die Aussage von Herrn Weidmann müsste folgendermaßen lauten:

> *»Wir wollen der Wirtschaft die Zahlungsart ermöglichen,*
> *die sie sich wünscht.«*

Das wird im nachfolgenden Abschnitt noch sehr viel deutlicher.

Die Bargeldabschaffung wurde in die Hände der Wirtschaft gelegt

»Gesetzliches Zahlungsmittel« bedeutet: Annahmezwang, »sofern sich die Parteien nicht auf andere Zahlungsmittel geeinigt haben«.

Diese Aussage suggeriert Gleichberechtigung zwischen Käufer und Verkäufer. Ist das wirklich so?

In der Realität nimmt der Verkäufer die aktive Position ein. Denn er gestaltet den Vertrag. Wir Bürger können in der Regel am Vertragswerk nichts ändern, geschweige gestalten.
Ganz nach dem Motto: Friss oder stirb.

Außerordentlich spannend wird dieser Aspekt, wenn man das IWF-Arbeitspapier, das wir uns bereits näher angeschaut haben, hinzuzieht. Dort heißt es:

> *»Es ist vorzuziehen, dass der private Sektor die Bargeldabschaffung betreibt und nicht der staatliche Sektor. Wenn der Staat die Abschaffung des Bargeldes betreibt, erscheint es fragwürdiger und die Leute könnten Einwände dazu haben.«*

Der Schlüssel oder zumindest der Turbo zur Bargeldabschaffung ist nun in die Hände der Wirtschaft gelegt.

Wenn Einzelhandel, Tankstellen oder Restaurants beginnen, kein Bargeld mehr anzunehmen, so haben wir Bürger anfangs die Möglichkeit, diese Läden zu boykottieren und woanders das Produkt zu kaufen. Je weiter das fortschreitet, desto mehr verlieren wir aber die Möglichkeit der Barzahlung. So wie bereits in Schweden geschehen. Dort kann man oft nicht einmal öffentliche Toiletten und öffentliche Verkehrsmittel mit Bargeld betreten.

Den Handel kann man leicht für dieses Vorhaben gewinnen. Es existieren viele Studien, die das Zahlverhalten der Konsumenten erforscht haben. Man hat festgestellt, dass Kartenzahler bis zu 100 % mehr konsumieren als Barzahler.

Wie wir alle wissen, kämpft der Einzelhandel schon seit vielen Jahren um sein Überleben und ergreift jeden rettenden Strohhalm. Welcher Einzelhändler würde bei der Versuchung, seinen Umsatz um 100 % zu steigern, widerstehen können? Die Geldindustrie braucht nur ein paar Werbeaktionen beim Einzelhandel durchführen.

Wenn Einzelhändler beginnen, die Barzahlung zu erschweren oder sogar gänzlich abzulehnen, wird die Barzahlungsquote rasant fallen. Die kritische Schwelle ist dann bald durchbrochen, an der man die Infrastruktur für Bargeld nicht mehr aufrechterhalten kann.
Eingeweihten, die diese Mechaniken kennen, ist das sehr bewusst. So sagte ein ehemaliger Bundesbankdirektor:

> *»Bargeld hat keine Chance, es wird verschwinden.«*

Freiheit, ade? Lückenlose digitale Versklavung?

FREIHEIT ODER DIGITALE SKLAVEREI?

Was ist Freiheit?

Freiheit ist ein großer und dehnbarer Begriff. So bedeutet Freiheit für einige, alles tun zu können, was sie möchten, ohne Rücksicht auf ihre Mitmenschen. Andere wiederum projizieren Freiheit ausschließlich auf die materielle Ebene. Freiheit bedeutet für sie, die Welt bereisen und möglichst auf viele Produkte zugreifen und sie konsumieren können. Also Wohlstand, und das möglichst unlimitiert und unerschöpflich.

Freiheit hat jedoch nicht nur mit materiellem Konsum zu tun. Freiheit ist ein wichtiges Gut auf allen Ebenen. Sie durchdringt das gesamte Leben auf geistiger, emotionaler, funktionaler und materieller Ebene.
Darf man seine Meinung nicht äußern oder unterliegt sie einer ständigen Bewertung, Beobachtung oder Kontrolle, so hat das auf das Verhalten und das Wohlbefinden eines Menschen emotional und geistig erheblichen Einfluss.
Die Meinungsfreiheit wird damit stark eingeschränkt. Das ist keine Kleinigkeit oder ein Kavaliersdelikt. Sondern es ist der Beginn einer Meinungsdiktatur mit vielen Begleiterscheinungen.
Wir in Deutschland haben das Grundgesetz, das die Freiheitsrechte der Bürger schützt. Deren Einhaltung ist das höchste Gut einer freien Gesellschaft. Eine Bargeldabschaffung würde viele dieser Freiheitsrechte gefährden.

Was für mich Freiheit und eine freie Gesellschaft bedeuten

Laut Duden bedeutet Freiheit:

> *»Zustand, in dem jmd. von bestimmten persönlichen oder gesellschaftlichen, als Zwang oder Last empfundenen Bindungen oder Verpflichtungen frei ist und sich in seinen Entscheidungen o. Ä. nicht (mehr) eingeschränkt fühlt; Unabhängigkeit, Ungebundenheit.«*

Auch diese Definition ist sehr dehnbar. Was »Freiheit« bzw. »eine freie Gesellschaft« bedeutet, möchte ich nachfolgend in meinen Worten beschreiben:

> *»Eine freie Gesellschaft zeichnet sich dadurch aus, dass jeder Bürger einen freien, unantastbaren individuellen Raum hat. Das bedeutet, dass er sein unmittelbares persönliches Umfeld ohne Einflüsse von außen gestalten und entwickeln kann und das auch darf.«*

So kann er sein eigenes Geld nach seinen Idealen und Vorstellungen verwenden. Niemand hat das Recht, in diesen unantastbaren Raum einzudringen. Weder Institutionen, Konzerne, Politiker noch Religionen dürfen den Raum durch Kontrolle, Bewertungen oder Manipulationen beeinflussen.

Eine freie Gesellschaft schützt den unantastbaren Raum seines Bürgers, damit er aus dieser stabilen Basis heraus sein Leben frei entwickeln und gestalten kann. Das gewährleistet uns das Grundgesetz in Form von Eigentumsrecht, Privatsphäre oder Meinungsfreiheit.

Eine Bargeldabschaffung reißt den unantastbaren Raum auf. Durch Negativzins, Enteignung, Erfassung jeder Zahlung, Erstellung von Persönlichkeits- und Gesinnungsprofilen und durch unzählige weitere Kontroll- und Überwachungsmöglichkeiten sind Manipulationsmöglichkeiten Tür und Tor geöffnet.

Das Individuum kann nun jederzeit destabilisiert werden.

Beim Thema Bargeldabschaffung ist nichts Geringeres als unsere Freiheit in Gefahr, also unser unantastbarer Raum. Und das meine ich auf allen Ebenen, also geistig, emotional, funktional und materiell.

Eine verdrehte Welt

In vielen Bereichen regiert und bestimmt heute

- das Geld über den Menschen,
- die Wirtschaft über den Konsumenten,
- die Politik über den Bürger,
- das Gesetz über das Individuum.

Obwohl das Leben die Quelle allen Geschehens auf dem Planeten ist, hat man es geschafft, in vielen Bereichen den Menschen zum Sklaven eines Systems zu degradieren.

Eigentlich müsste es ja umgekehrt aussehen:

- Das Geld dient dem Menschen,
- die Wirtschaft dient dem Menschen,
- die Politik dient dem Bürger und
- die Gesetze dienen der Entfaltung des Individuums.

Systeme haben den Zweck, dem Menschen und dem Leben zu dienen und nicht andersherum.

Beim Erhalt des Bargeldes geht es nicht nur um nüchterne Dinge wie günstiger, schneller, unkomplizierter. Es berührt viel mehr vor allem qualitative Aspekte, die nicht unmittelbar sichtbar sind, wie den umfassenden Bereich unserer Freiheit. Es geht um unsere Selbstbestimmung, unsere Entfaltung, unsere Werte, unsere Unabhängigkeit, unsere Individualität und unseren unantastbaren Raum.

Alle Systeme, die wir erschaffen, sollten dem Zweck eines besseren und schöneren Lebensspiels für alle Lebewesen auf dem Planeten Erde dienen.

Digitale Versklavung als unausweichliche Folge

Wir leben im digitalen Zeitalter. Eine Epoche, die unser gesamtes Gesellschaftsgefüge verändern wird. Es ist eine Entwicklung, die auch nicht aufzuhalten ist. Entwicklungen sollte man grundsätzlich auch nicht stoppen bzw. behindern. Das Leben will sich entwickeln und vor allem qualitativ wachsen. Das ist die Eigenart des Lebens.
Die Digitalisierung wächst rasant, wenn nicht sogar exponentiell. Wir befinden uns bezüglich der Digitalisierung erst am Anfang.

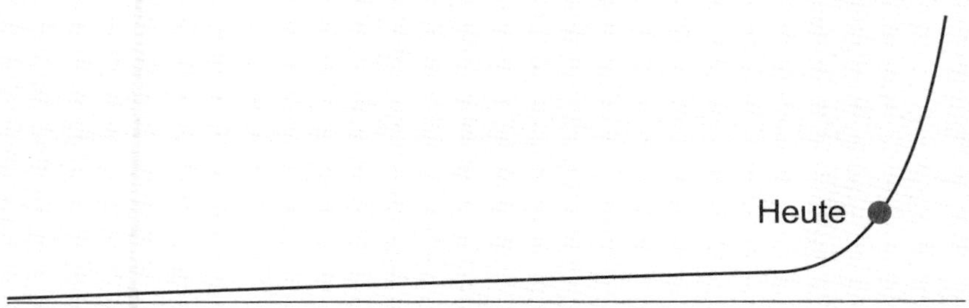

Fortschritt ist eine gute Sache. Wenn er aber zu einem Dogma stilisiert wird, dem wir alles unterordnen, ist Gefahr im Verzug.
Digitalisierung bedeutet, dass alles, was digital erfasst und gespeichert wird, auch kontrolliert werden kann. Ist alles digitalisiert, kann nicht nur kontrolliert, sondern auch gesteuert, beeinflusst und manipuliert werden.
So subtil, dass das Gros der Menschen es nicht einmal wahrnehmen kann.

Dann können Abweichler und Systemkritiker noch unbemerkter wirkungslos gemacht oder sogar ausgeschaltet werden.
Unsere Geschichte ist bereits jetzt voll von diesen Beispielen. Was wäre passiert, wenn die schon erwähnten Despoten wie Hitler, Stalin, Mao, Pol Pot oder Honecker die neuen Instrumente in ihren Händen gehalten hätten?

Was passiert, wenn der gute Staat zu einem bösen Staat mutiert? Vor allem wir in Deutschland sollten uns dessen ganz besonders bewusst sein. Denn wenn man nicht aus der Geschichte lernt, wird sie sich bekanntlich wiederholen. Die aktuellen Ereignisse in der Welt sollten uns mehr als nur eine Warnung sein.

Mit der Digitalisierung kann leicht eine Schattenregierung und ein totalitärer Kontrollstaat entstehen. Wenn sie einmal etabliert sind, werden sie sich über Generationen hinweg halten und können nicht mehr zu Fall gebracht werden. Man braucht heute nur die täglichen Nachrichten über den vielfältigen Missbrauch von Daten anzuschauen. In der Politik, in der Wirtschaft, in so vielen Schichten unserer Gesellschaft ist er schon zum Alltag geworden. Ein Blick Richtung China zeigt, was heute schon alles möglich ist und sogar offen umgesetzt wird.

Bargeld ist eine der letzten Bastionen der Freiheit

Daher ist es umso wichtiger, an sinnvollen nichtdigitalen Strukturen festzuhalten. Sie garantieren uns einen gewissen Handlungsspielraum und somit einen Teil unserer Freiheit.

Eine besondere Rolle spielt hierbei unser Bargeld. Mit ihm können wir vielleicht nur wenige Prozente, aber entscheidende Komponenten unserer Freiheit schützen, egal wie sich die Digitalisierung entwickeln mag. Denn es entzieht sich der Digitalisierung und Überwachung.

Mit ihm können wir uns gegebenenfalls bis zu einem gewissen Grad zur Wehr setzen, wenn Macht und Kontrolle zentralisiert und missbraucht werden sollten.

Bargeld ist somit eine letzte Bastion unserer Freiheit. Und diese Freiheit und die Macht des kleinen Mannes sollten wir auch den nachfolgenden Generationen bewahren und übergeben und nicht leichtfertig abgeben.

LÖSUNGEN ZUM ERHALT DES BARGELDES

Im Kapitel über den fundamentalen Nutzen des Bargeldes haben wir sehen können, welch vielfältigen und großartigen Nutzen Bargeld dem Bürger und unserer Gesellschaft tagtäglich gibt. Dieser Nutzen würde uns bei einer Bargeldabschaffung verloren gehen. Unsere Gesellschaft wäre ein großes Stück ärmer und es wäre ein Fundament gelegt, das automatisch und regelrecht vorprogrammiert viele unzählige Irritationen in der Zukunft hervorrufen wird.

Es hat also einen Wert, sich für den Erhalt des Bargeldes einzusetzen und hierzu etwas beizutragen. Die Bargeldabschaffung ist jedoch viel weiter vorangeschritten, als es sich die meisten Menschen auch nur in den schlimmsten Alpträumen vorstellen können. Wir stehen vor einer Aufgabe, die dem Kampf David gegen Goliath gleichkommt.

Es wird viel Intelligenz und Einsatz von sehr vielen Menschen benötigen, das eingeschlagene Ruder rumzureißen und den Plan der Elite zur Bargeldabschaffung zu Fall zu bringen. Ich denke, dass Sie als Leser dieses Buches das sehr gut nachvollziehen können.
Es wäre aber auch falsch, die Hoffnung auf die wenigen Menschen zu legen, die öffentlich den Erhalt des Bargeldes fordern. Dazu gehören Autoren, Referenten, alternative Finanzleute und auch ich. Es ist aktuell nur eine sehr kleine Anzahl an Menschen, die den ganzheitlichen Sachverstand hierzu hat und den Mut aufbringt, sich öffentlich für das Bargeld einzusetzen, und somit automatisch auch den Unmut der Finanzbranche auf sich zieht.

Ich persönlich halte es auch nicht für besonders effektiv, in Aktionismus zu verfallen und eine Lobbygruppe für den Erhalt des Bargeldes aus dem Boden zu stampfen und durch Schaltung von TV-Werbung oder Zeitungsinseraten für den Erhalt des Bargeldes zu werben.
Solch eine Lobbyarbeit verschlingt Unmengen an Geld. Wir müssten ständig um Spenden betteln und letztendlich wird die Bewegung abhängig von Geldgebern, die über kurz oder lang das Geschehen der Bewegung beeinflussen, übernehmen und steuern.

Außerdem trennt solch ein Vorgehen den Menschen von seiner Mitverantwortung. So gibt er seine Verantwortung einfach an die Organisation ab nach dem Motto: Ich muss jetzt nichts weiter tun, die Organisation oder der Buchautor Hansjörg Stützle machen das schon alles richtig. Dieses alte und überholte Prinzip: Die da oben werden es schon richten. Das hat immer zu einer fragwürdigen Machtverschiebung und zu Irritationen in der Gesellschaft geführt, ja sogar Diktatoren hervorgespült.

Jetzt in die Lobbyarbeit einzusteigen würde nur bedeuten, das Modell der Macht zu kopieren, die in diesem Bereich jedoch viel erfahrener und etablierter ist. Angenommen wir würden für diese Lobbyarbeit Spenden von 1 Million Euro erhalten, würde die Finanzindustrie leicht das 1000-Fache dagegensetzen können und 1 Milliarde in PR-Kampagnen für die Bargeldabschaffung investieren.
Zudem ist sie mit ihrer Lobbyarbeit seit Jahrzehnten in Brüssel, Berlin und sonst überall auf der Welt bestens vernetzt.

Auch wenn ich es sehr begrüßen würde, wenn Menschen solch eine Lobbygruppe entwickeln, sehe ich den Weg als nicht sehr vielversprechend an. Die Zeit hierfür ist auch viel zu knapp. Man hätte damit schon vor vielen Jahren beginnen müssen.

Aus meiner Sicht werden wir andere und neue Wege gehen müssen. Wege, die aus der Basis entspringen und uns Bürger fordern und in unsere Verantwortung bringen. Denn der Erhalt des Bargeldes geht letzten Endes uns alle etwas an. Daher sind ganz besonders wir Bürger gefordert. Wenn wir kleinen Leute diese Herausforderung annehmen, wird es uns gelingen. Aber dafür müssen wir in unsere eigene Kraft kommen und bereit sein, selbst aktiv zu werden.

Die nachfolgenden Lösungswege bewegen sich auf vielen verschiedenen Ebenen. Manche können Sie leicht in Ihrem Leben umsetzen (vor allem die Praxistipps für das tägliche Leben [Lösung 1], den Beitrag zur Bewusstseinsbildung in der Gesellschaft [Lösung 2] und die Anregungen im vorletzten Kapitel »Morphische Felder«). Andere Lösungsansätze wiederum scheinen nicht in Ihrem unmittelbaren Einflussbereich zu liegen. Trotzdem möchte ich einen ganzheitlichen Blick auf die Lösungswege werfen, weil es unsere Sinne schärft und wir genauer wissen, wo wir hinschauen müssen und welchen Bewegungen wir Unterstützung zukommen lassen können. Ich freue mich auf Ihren Beitrag!

Praxistipps für das tägliche Leben

Möglichst alle Käufe mit Bargeld bezahlen

Momentan spielt Bargeld in unserer Gesellschaft noch eine dominante Rolle. Sie kennen bereits die Statistik der Deutschen Bundesbank über die Bargeldnutzung.

Bargeld ist also noch das dominante Zahlungsmittel in unserer Gesellschaft. Die Erhebung führt die Deutsche Bundesbank alle 3 Jahre durch. Wie die Erhebung aus dem Jahr 2017 aufzeigt, ist das Bargeld bezogen auf den Umsatz schon unter die 50-Prozent-Marke gefallen.

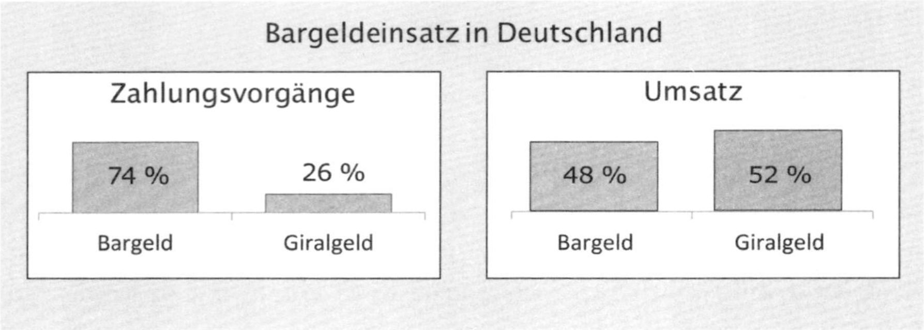

Bargeld hat also bereits heute einen großen Teil seiner Dominanz an das Giralgeld abgegeben. Das gibt der Geldindustrie ganz neue und sehr effektive Argumente für die Bargeldabschaffung in die Hände:

> *»Die Bürger wollen das Bargeld doch gar nicht, sie bevorzugen Giralgeld, Statistiken lügen nicht.«*

Bei solch einer Argumentation wird die Geldindustrie natürlich nicht erwähnen, dass sie die ganzen vergangenen Jahre mit Milliarden und unzähligen Marketingmaßnahmen die Bevölkerung zur Karten- und Handyzahlung animiert, ja regelrecht verführt hat.

So hat die Sparkasse Bodensee ihre EC-Karte beliebter gemacht, indem sie »Kooperationsvereinbarungen« mit regionalen Einzelhändlern abgeschlossen hat. Der Sparkassenkunde erhält beim Einkauf bei diesen Einzelhändlern eine Rückvergütung von 2 bis 10 % auf sein Sparkassenkonto, wenn er mit der Sparkassen-EC-Karte bezahlt. Diese Marketingstrategie erweckt nicht nur den Eindruck, dass die Kartenzahlung kostenlos wäre, sondern dass man damit sogar regelrecht Geld verdienen könnte.
So kann man den Menschen auch zur Kartenzahlung verführen und indirekt die Barzahlungsstatistik der Deutschen Bundesbank beeinflussen. Das ist kein fairer Wettbewerb, wenn riesige Geldsummen in die PR-Kampagnen für das Giralgeld investiert werden und auf der anderen Seite eine Vielzahl subtiler Angriffe gegen das Bargeld durchgeführt werden, um es in Verruf zu bringen und künstlich teuer zu machen.

Umso wichtiger ist es, dass wir Bürger bei möglichst vielen Zahlungen Bargeld nutzen und damit dem Bargeld die gebührende gesellschaftliche Stellung sichern.
Aktuell ist es in Deutschland noch fast überall möglich, mit Bargeld zu bezahlen. Nur in Sonderfällen wie bei der Anmietung eines Autos ist es oft nicht möglich. Es ist somit für jeden Bürger aktuell ein Leichtes, mit Bargeld zu bezahlen. Die Möglichkeit haben wir ja. Und die sollten wir nutzen. Die Entscheidung hierzu liegt ausschließlich bei uns. Ich persönlich bezahle alles mit Bargeld, nur in Ausnahmefällen greife ich auf EC- oder Kreditkarte zu. Das passiert vielleicht 1 Mal im Jahr.

Jede Zahlung mit Bargeld ist nichts anderes als unser Ja zu Bargeld. Dieses Ja zu Bargeld dokumentieren wir mit jeder Bargeldzahlung.
Bei jeder Zahlung mit Karte oder Handy dokumentieren wir jedoch auch, dass uns der Erhalt des Bargeldes nicht wichtig ist. Oder noch deutlicher ausgedrückt: Bei Zahlung mit Bargeld sagen wir ja zu Bargeld und bei Zahlung mit Karte sagen wir letzten Endes ja zur Bargeldabschaffung.
Mit unserem Handeln entscheiden wir somit über nichts Geringeres als über den Erhalt des Bargeldes oder dessen Abschaffung. Jede Zahlung sollte daher sehr überlegt gewählt werden.

Unternehmen meiden, die eine Bargeldzahlung erschweren

Aktuell muss jedes Unternehmen bzw. jeder Händler Bargeld annehmen, sofern es vertraglich nicht anders vereinbart ist. Es gibt jedoch 2 Tendenzen:

1. Wie beim obigen Beispiel mit der Sparkasse Bodensee, bei der man beim Kauf mit der EC-Karte einen Teil des Geldes zurückbekommt, versuchen die Banken, den Bürger zu animieren, auf Giralgeld umzusteigen. Hier ist es wichtig, der Versuchung zu widerstehen. Ich weiß, dass es nicht immer leicht ist, aber letzten Endes geht es darum, was uns der Erhalt des Bargeldes wert ist. Und aus meiner Sicht ist er sehr viel mehr wert als diese 2 % Rückvergütung. Die Subventionsaktionen werden sowieso unmittelbar gestoppt werden, wenn die Kartenzahlung das Bargeld verdrängt hat und die Aktionen der Geldindustrie keinen Vorteil mehr bringen.

2. Es wird zukünftig immer häufiger passieren, dass Unternehmen die Zahlung mit Bargeld erschweren, verteuern oder sogar komplett ablehnen. Auch hier ist es wichtig, die Standhaftigkeit zu behalten und trotzdem mit Bargeld zu bezahlen oder die Unternehmen sogar zu meiden.

Das sind wichtige Praxistipps, die jeder leicht in seinem Leben umsetzen kann. Ich freue mich darauf, wenn Sie als Leser mit mir und hoffentlich mit vielen anderen Menschen das täglich leben. Dass das kein Tropfen auf den heißen Stein ist, sondern große Wirkung hat, behandle ich im Kapitel »Morphische Felder«.

Fazit: möglichst jede Zahlung mit Bargeld tätigen. Denn bei Zahlung mit Bargeld wählen wir den Bargelderhalt und bei Zahlung mit Karte oder Handy stimmen wir letzten Endes dem Bargeldverbot zu!

Bewusstseinsbildung in der Gesellschaft

Es ist außerordentlich wichtig, dass die Gesellschaft so schnell wie möglich über die wahren Hintergründe der Bargeldabschaffung aufgeklärt wird. Aktuell erfassen nur ganz wenige Menschen, was sich dahinter verbirgt.

Wissen ist Macht. Und eine Gesellschaft, die diese Macht aus ihren Händen gibt, wird beeinflussbar und kann leicht manipuliert werden. Der Einfluss der Mächtigen wie Politiker, Konzerne und Lobbyisten steigt proportional zu der Unwissenheit der Bevölkerung an. Manipulation kann nur auf dem Boden der Unwissenheit Fuß fassen und gedeihen. Bei kaum einem anderen Thema kann man das so klar und deutlich beobachten wie bei der Bargeldabschaffung.

Ich bin oft darüber erschrocken, wie sorglos die Leute die Zahlung mit Karte oder Handy nutzen und wie stark die Propaganda der Geldindustrie bei ihnen wirkt.
Im Gespräch mit diesen Menschen findet man schnell heraus, dass sie von dem Wissen, das wir hier im Buch behandeln, so gut wie keine Kenntnis haben. Mir kommt es manchmal vor, als ob sie wie die Lemminge ins eigene Verderben liefen und ich persönlich dazu verdammt wäre, ihnen dabei zuschauen zu müssen. Das war für mich lange Zeit sehr schmerzlich, ja fast unerträglich.

Ich kann mir gut vorstellen, dass es Ihnen als Leser dieses Buches spätestens jetzt ähnlich ergeht und Sie gerne auch etwas zum Erhalt des Bargeldes beitragen möchten. Dafür gebe ich Ihnen Werkzeuge an die Hand.

Denn die Verbreitung des Wissens und somit die Aufklärung der Bevölkerung über die Hintergründe der Bargeldabschaffung kann sehr schnell voranschreiten.

Wenn jeder von uns seinen Einflussbereich nutzt und die Mitmenschen darin aufklärt und informiert, wird sich das Wissen wie ein Lauffeuer verbreiten und die gesamte Gesellschaft durchdringen. Das nachfolgende Bild drückt das perfekt aus.

Das ist alles viel einfacher, als man glaubt. Nutzen Sie die folgenden Möglichkeiten:

Dieses Buch (224 Seiten)

Verleihen oder verschenken Sie dieses Buch an Interessierte. Der Leser wird mit dem Buch eine ganzheitliche Sicht über das Thema bekommen und sein Wissen dann vielleicht auch in seinem Wirkungskreis verbreiten.

Lesung veranstalten (1 Stunde)

In Buchhandlungen und überall dort, wo es gewünscht wird, halte ich gerne eine Lesung.

Einen Vortrag veranstalten (2 Stunden)

Gerne komme ich zu Ihnen und halte zum Thema Bargeldabschaffung einen 2-stündigen Vortrag. Sollten Sie gut vernetzt sein, Vereine oder Organisationen kennen oder selbst in solchen aktiv sein, ist eine Veranstaltung schnell organisiert und das Wissen kann die Leute authentisch und leicht erreichen.

Kurzvideos in Ihren Netzwerken verbreiten (je 3–8 Minuten)

Ich habe festgestellt, dass sehr viele Menschen noch gar nicht erfasst haben, dass die Bargeldabschaffung ein Thema und sogar schon in vollem Gange ist. Deshalb habe ich 16 Kurzvideos mit einer Länge von 3 bis 8 Minuten produziert, die diese Menschen aufwecken und für das Thema sensibilisieren sollen. Ich werde nach und nach weitere Videos produzieren und veröffentlichen.

Podcast

Ich habe etliche Podcast-Episoden, also Hörbücher, erstellt. Dort beschreibe ich im Dialog die Systematik des geplanten Bargeldverbots und zeige auch Lösungen auf.

Blogbeiträge

Zudem schreibe ich in regelmäßigen Abständen Blogbeiträge zu dem Thema Bargeldabschaffung bzw. Erhalt unseres Bargeldes. Sie können sie unter www.bargeldverbot.info aufrufen und ebenso in Ihrem Netzwerk verbreiten.

Auf dem Laufenden bleiben

Wenn Sie auf dem Laufenden bleiben wollen, tragen Sie sich unter www.bargeldverbot.info in den Newsletter ein.

Ich denke, dass mit diesen Werkzeugen jeder leicht in seinem Wirkungskreis eine gute Aufklärungsarbeit machen kann. Bitte nutzen Sie sie, das wäre für mich eine große Unterstützung. Alle Werkzeuge erhalten Sie unter:

www.bargeldverbot.info

Fazit: Nehmen Sie Anteil an der Verbreitung der Hintergründe zur Bargeldabschaffung. Verbreiten Sie das Wissen in Ihrem Netzwerk.

Bargeld ins Grundgesetz

Grundsätzlich gesehen hat das Bargeld im Vergleich zu allen anderen Zahlungsmitteln die beste gesetzliche Verankerung. Neue Währungen wie der Bitcoin haben überhaupt keine gesetzliche Grundlage. Bargeld ist das einzige gesetzliche Zahlungsmittel – jeder Händler muss eigentlich Bargeld annehmen.
Das ist, wie schon mehrmals erwähnt, in folgenden Gesetzen verankert:

- Bundesbankgesetz: § 14
- Satzung der EZB: Art. 16
- EU-Vertrag (AEUV): Art. 128

Wie wir schon behandelt haben, sind diese Gesetze durch die Interpretationsempfehlung der Europäischen Kommission – »gesetzliches Zahlungsmittel« bedeutet Annahmezwang, »sofern sich die Parteien nicht auf andere Zahlungsmittel geeinigt haben« – fast gänzlich aufgeweicht worden. So können Tankstellen, Restaurants oder der Einzelhandel die Annahme von Bargeld auch gänzlich ablehnen. Hierfür müssen sie es nur in ihre AGB schreiben oder mit einem Schild an der Kasse kenntlich machen.

Wenn das die Runde macht, so wie es in Schweden und auch in anderen Ländern bereits schon heute der Fall ist, werden wir vermehrt nur noch mit Giralgeld bezahlen können. Und wenn große Handelsketten wie Ikea und McDonald's ebenso mitziehen, verlieren wir Bürger fast gänzlich die Möglichkeit, mit Bargeld zu bezahlen. Die Abschaffung des Bargeldes wird rasant an Fahrt gewinnen und eine automatische Folge sein.

Auch wenn Bargeld die beste gesetzliche Grundlage von allen Zahlungsmitteln hat, wird das zum Erhalt des Bargeldes nicht ansatzweise ausreichen. Daher müssen wir mit Nachdruck daran arbeiten, die gesetzliche Verankerung des Bargeldes noch klarer zu regeln.

Eine gesetzliche Verankerung im Grundgesetz wäre solch eine Möglichkeit. Aber auch hier muss man bei der genauen Formulierung der Bestimmung allergrößte Sorgfalt walten lassen. Ein kurzer Satz wie »Bargeld muss gesetzliches Zahlungsmittel sein« oder »Bargeld muss immer Bestand haben« wäre leicht zu umgehen und somit nur ein Alibigesetz und Augenwischerei. So könnte man leicht alles Bargeld abschaffen und nur noch die 5-Euro-Scheine und die Münzen bestehen lassen und damit dem Gesetz genügen. Ohne selbst Jurist zu sein, möchte ich nachfolgend formulieren, wie der Artikel im Grundgesetz aussehen könnte:

»Bargeld ist im Geltungsbereich des Grundgesetzes unbegrenztes gesetzliches Zahlungsmittel und muss am Point of Sale (PoS) vom Handel angenommen werden. Bargeld muss der Bevölkerung in folgender Stückelung in ausreichender Menge jederzeit zur Verfügung stehen:

Münzen: 1, 2, 5, 10, 20, 50 Cent und 1 und 2 Euro.
Scheine: 5, 10, 20, 50, 100, 200 und 500 Euro.

Außerdem darf Bargeld keiner Repression unterliegen wie beispielsweise einer Gebühr oder einer Annahmeerschwernis. Das gilt auch für die Banken. Eine Änderung dieses Grundgesetzartikels ist nur durch einen Volksentscheid möglich.«

Anmerkung: Um die vielfältigen juristischen Finessen komplett ausschalten zu können, müsste diese Formulierung nicht nur im Grundgesetz, sondern auch in der EZB-Satzung sowie im Vertrag über die Arbeitsweise der Europäischen Union verankert werden. In Artikel 128 des Vertrags über die Arbeitsweise der Europäischen Union bekommt die EZB das ausschließliche Recht zugesprochen, Eurobanknoten zu genehmigen. Sie könnte damit – wie bereits mit dem 500-Euro-Schein geschehen – auf die Herausgabe aller Euroscheine (200er, 100er, 50er, 20er, 10er, 5er) verzichten und somit außerhalb demokratischer Einflüsse die fast gänzliche Abschaffung des Bargeldes bewirken. Nach dem Motto: Europarecht schlägt Bundesrecht.

Konsequenz: Um dem Bargeld nachhaltigen juristischen Schutz zu gewährleisten, müsste die aktuell allmächtige EZB in ihrer Macht beschnitten werden. Ein einzelner Staat wie Deutschland ist dazu nicht berechtigt. Denn Deutschland bzw. die Deutsche Bundesbank hat seit Einführung des Euros die Währungshoheit an die supranationale Institution EZB, die über den Staaten steht, abgegeben. Somit müsste das Bargeld zuerst im Vertrag über die Arbeitsweise der Europäischen Union verankert werden. Dann wäre die EZB in ihrer Macht beschnitten und das Bargeld mittelfristig vor der Abschaffung geschützt.

Solch ein Artikel im Grundgesetz oder sogar im Vertrag über die Arbeitsweise der Europäischen Union würde die gesetzliche Basis des Bargeldes stark verbessern und könnte nur sehr schwer gebrochen werden. Da müssten schon äußerst schwere Geschütze aufgefahren werden wie z. B. Ausrufung des Ausnahmezustandes, Bestechung der Richter, Kontrolle über die Gerichte, Umsturz und Einführung einer Diktatur.
Aber so weit möchte ich hier jetzt nicht gehen und resümieren, dass eine Verankerung des Bargeldes im Grundgesetz zu seinem Schutz elementar wichtig ist.

Fazit: Bargeld muss gesetzlich besser verankert werden, und das ist letzten Endes nur im Grundgesetz wirksam möglich. Machen Sie bei Petitionen für Bargeld ins Grundgesetz mit und verbreiten Sie sie in Ihrem Netzwerk.

Keine Eingrenzung des Bargeldes ohne Erhalt von Garantien

Wie wir schon behandelt haben, wird die Bargeldabschaffung schleichend, Scheibe für Scheibe vorangetrieben. So könnte die Einführung einer Bargeldobergrenze auf Grund eines terroristischen Anschlages kommen. Um dabei möglichst wenig Entrüstung zu verursachen und jeglichen Ansatz von einem Aufstand im Keime zu ersticken, werden Beruhigungspillen ausgeteilt in Form von Lippenbekenntnissen:

> *»Wir wollen auf gar keinen Fall das Bargeld abschaffen, sondern nur die Bevölkerung vor Anschlägen schützen. Das Bargeld wird immer bestehen bleiben, darauf könnt ihr euch verlassen.«*

Aber Garantien für diese Lippenbekenntnisse werden nie abgegeben. Die Strategie dahinter ist, die Leute zu beruhigen, bei der Stange zu halten und mit zeitlicher Verzögerung den nächsten Schritt zur Bargeldeingrenzung einzufädeln.

Deshalb sollten wir bei jedem Versuch, das Bargeld einzuschränken, wie folgt agieren:

> *»Okay, ihr wollt jetzt eine Bargeldobergrenze von 10.000 Euro einführen, weil ihr behauptet, nur damit die Kriminalität eingrenzen zu können. Und ihr behauptet auch, dass ihr nicht das Bargeld abschaffen wollt. Dafür wollen wir jedoch Garantien, nämlich die Verankerung des Bargeldes im Grundgesetz. Erst dann können wir über euer Anliegen diskutieren. Ohne die Garantie macht es keinen Sinn, Bargeldobergrenzen in den Raum zu stellen.«*

Wissen Sie, was passieren wird? Die Forderung nach einer Einschränkung des Bargeldes würde umgehend verstummen, garantiert! Die Strippenzieher werden von ihrem Ansinnen umgehend Abstand nehmen, weil sie auf gar keinen Fall eine Verankerung des Bargeldes im Grundgesetz haben wollen. Das wäre für sie und ihre geheimen und verborgenen Pläne zur Abschaffung des Bargeldes die totale Katastrophe.

Oder die Strippenzieher werden aus ihren verborgenen Löchern herauskommen müssen und öffentlich die Bargeldabschaffung fordern und dafür persönlich einstehen müssen.

Verstehen Sie, was ich meine?

Ich selber hätte kein großes Problem damit, eine kalkulierbare Einschränkung des Bargeldes hinzunehmen, wenn wir dafür das Bargeld entsprechend meines Vorschlages ins Grundgesetz bekommen könnten. Es ist zwar nicht das Optimum, aber in jedem Falle viel besser, als nach jeder Bargeldeingrenzung zu erkennen, dass man belogen wurde, und das Bargeld immer weiter und weiter eingeschränkt wird.

Fazit: Glauben Sie nicht schönen Lippenbekenntnissen. Glauben Sie nur verbindlichen Garantien.

Die Macht auf mehrere Schultern verteilen

Seit vielen Jahren gibt es die Tendenz, dass Macht zentralisiert und in die Hände weniger Menschen gelegt wird.
Die Auswirkungen kann man bei der Bargeldabschaffung deutlich erkennen. So hat im Jahr 2016 die EZB, genauer gesagt der EZB-Rat, der aus nur 25 Personen besteht, die Abschaffung des 500-Euro-Scheins beschlossen.

Demokratische Instanzen wie Bundestag, Europaparlament, ja selbst Regierungen, geschweige denn der Bürger haben bei solchen Entscheidungen keinen Einfluss.
Das ist sehr beunruhigend. Es gibt auch genügend Hinweise darauf, dass die Bargeldabschaffung exakt über solche Wege durchgeführt werden wird.

Es gibt überall auf der Erde Bewegungen, dass die Macht noch mehr zentralisiert und auf noch weniger Menschen verteilt wird. Und genau das Gegenteil sollte geschehen. Die Macht sollte dringend auf mehrere Schultern verteilt werden. Also nicht Zentralismus, sondern Föderalismus sollte angesagt sein.

Fazit: Wir Bürger müssen die Fäden von Demokratie und Föderalismus wieder stärker in die Hände nehmen. Wir Bürger müssen wieder in unsere Kraft kommen und Verantwortung übernehmen!

Volksentscheide

Auch der Einsatz von Volksentscheiden ist schon längst überfällig. Es ist meiner Ansicht nach ein Skandal, dass die Politiker alles dafür tun, solch ein tolles und bewährtes demokratisches System zu blockieren. Das Volk müsste doch immer die letzte Instanz sein, weil es in der Demokratie bzw. in der Politik doch letztendlich um den Willen des Volkes gehen sollte. Oder, anders ausgedrückt, das Volk ist der Arbeitgeber der Politiker, also, unsere Politiker sind die Angestellten von uns, dem Volk.

Unsere Demokratie ist schon längst ausgehöhlt und wird in vielfältiger Weise missbraucht. So braucht in den USA ein Präsidentschaftskandidat schon Milliarden an Geldern, um eine Wahl überhaupt gewinnen zu können, und ist somit von seinen Geldgebern abhängig bzw. deren Marionette. Und ähnlich ist es auch heute in Brüssel. Dort wird die Politik von Tausenden Lobbyisten gesteuert und beeinflusst. Und die Finanzbranche ist dort ganz dick vertreten. Also, man kann nicht gerade behaupten, dass unsere Demokratie noch den Willen des Volkes repräsentiert.

Und der Forderung der Machtelite nachzukommen und den Bürger noch mehr zu überwachen ist völliger Blödsinn und von ganz anderen Interessen geleitet.

Genau das Gegenteil sollte nämlich geschehen: dem Bürger mehr Freiheit geben und genau jene mehr überwachen, die die Forderung aufstellen, die Bürger sollten mehr überwacht werden. Denn am lautesten nach Überwachung schreien genau die Politiker und die Machthaber, die bei ihrem Tun oft Eigeninteressen verfolgen.

Wer ist als Wächter besser geeignet als der Bürger?
Die Kontrolle kann wunderbar durch Volksentscheide wahrgenommen werden, also durch direkte Demokratie. Volksentscheide wären so wichtig bei einer Entscheidung über beispielsweise:

- TTIP
- CETA
- Neuaufnahme von Staatsschulden
- Bankenrettung
- Einschränkung des Bargeldverkehrs
- Bargeldverbot

Das Hauptargument gegen Volksentscheide ist, dass wir Bürger keinen Sachverstand hätten und deshalb nicht in der Lage wären, komplexe Entscheidungen qualifiziert zu fällen. Das mag manchmal der Fall sein und manchmal auch nicht.

Deshalb könnte man folgendes System anwenden:
Die Politiker sollen alles tun, wie es in der bisherigen Demokratie üblich ist. Und sie sollen auch die Gesetze wie bisher verabschieden. Aber die Gesetze treten erst nach einer gewissen Zeit in Kraft, z. B. nach 6 Monaten. Wenn die Bevölkerung mit der Verabschiedung eines Gesetzes, z. B. zur Bargeldabschaffung, nicht einverstanden ist, kann sie sich organisieren und eine Petition durchführen. Und bei einer gewissen Anzahl von Unterschriften (z. B. 1 Million) muss eine Volksbefragung stattfinden. Und wenn die Bevölkerung das von den Politikern verabschiedete Gesetz ablehnt, tritt das Gesetz nicht in Kraft.

Das kann man dann mit einem Zusatz krönen. Wird in einer Legislaturperiode 2 Mal ein Gesetz von der Bevölkerung durch einen Volksentscheid gekippt, müssen Neuwahlen durchgeführt werden, weil die Regierung damit bewiesen hat, dass sie nicht im Sinne des Volkes arbeitet und handelt.

So etwas hat doch Charme, oder?

Das wäre eine sinnvolle Überwachung, wenn das Volk in letzter Instanz die Beschlüsse der Machthaber überwacht. Die Entscheidung über die Bargeldabschaffung sollte selbstverständlich auch nur das Volk fällen können. Wer denn sonst bitte?

Fazit: Unterstützen Sie die immer lauter werdende Forderung nach Volksentscheiden.

Alternativen die Kraft geben

Das Bargeldverbot ist tatsächlich nur ein Teilaspekt eines viel größeren und übergeordneten Themas.
Es ist schon längst überfällig, das aktuelle Geldsystem durch ein besseres, lebensfreundlicheres Geldsystem zu ersetzen. Also durch ein Geldsystem, das das Spiel der Großen, wie ich es beschrieben habe, nicht mehr zulässt.

Es ist wichtig, die Machenschaften der Banken und der Geldbranche zu verstehen. Es ist sicherlich auch berechtigt, seinen Unmut darüber zu äußern. Danach sollten wir uns jedoch wieder der positiven Kraft widmen. Denn sich nur mit dem Negativen zu beschäftigen, hat noch nie eine Veränderung zum Guten hervorgerufen.
Der Bürger hat derzeit durch das Bargeld die Macht in den eigenen Händen und kann mit einem Bankenrun das aktuelle Banken- und Geldsystem zu Fall bringen.

So weit, so gut. Und dann?

Solch ein Umsturz ergibt nur Sinn, wenn Alternativen zur Verfügung stehen und funktionierende alternative Geldsysteme ausgearbeitet sind. Sonst wird das alte Geldsystem womöglich nur unter neuem Namen, aber mit den gleichen Parametern wiederauferstehen. Also neuer Wein in alten Schläuchen. Und letztendlich bleibt alles beim Alten.

Es gibt heute einige Bewegungen, die gut durchdachte Geldsysteme entwickelt haben. Diese sind meiner Ansicht nach alle noch nicht perfekt, sofern das überhaupt möglich ist. Sie sind jedoch dem jetzigen Geldsystem überlegen.
Die Bewegungen sind aktuell noch sehr klein und haben nur geringen Zulauf. Sie sind in der Gesellschaft fast völlig unbekannt, haben keine Lobby und leiden unter chronischem Geldmangel.

Die alternativen Geldsysteme müssten dringend in Pilotprojekten auf ihre Umsetzbarkeit und Wirksamkeit getestet werden. Das könnte in Regionen, wo das Geld- und Wirtschaftssystem kollabiert, wie in Griechenland, Zypern oder in wirtschaftlich nicht bedeutenden Regionen oder in kleinen Dörfern oder Städten oder Gemeinden, getestet werden.

In diesen Pilotprojekten kann man die Kinderkrankheiten dieser Systeme erkennen und ausmerzen. Kommt es zu einem Crash des aktuellen Geldsystems, können die neuen Systeme schnell, geplant und professionell eingeführt werden.

An diesen Alternativen sollten wir dringend arbeiten. Denn nur wenn es sie gibt, sie in der Gesellschaft bekannt und akzeptiert sind, wird unsere Hoffnung auf ein neues Geldsystem in Erfüllung gehen.
Den Alternativen sollten wir dringend einen Teil unserer Kraft geben, indem wir uns selbst mit diesen Geldsystemen auseinandersetzen, uns für sie einsetzen und ihre Entwicklung mit Spenden oder tatkräftiger Mithilfe unterstützen.

Ich kenne einige Personen in der alternativen Geldszene und sie sind allesamt Überzeugungstäter, die oft mit großen Entbehrungen ihre Arbeit verrichten und es wert sind, Unterstützung zu bekommen.

Fazit: Geben wir den positiven Bewegungen die Kraft, damit eine Basis für ein besseres Geldsystem geschaffen werden kann.

MORPHISCHE FELDER

Eine mutige und grundlegende Problemanalyse

Alle Lösungen, die wir bisher angesprochen haben, sind äußerst wichtig und ganz besonders dringlich. Insbesondere der Bewusstseinsbildung in der Gesellschaft kommt meiner Ansicht nach eine besondere Bedeutung zu, da jeder von uns hierzu etwas beitragen kann und wir Bürger wieder in unsere Kraft kommen können.

Aber leider muss ich an dieser Stelle auch erwähnen, dass die bisher aufgeführten Lösungen, so gut sie auch sein mögen, nur kurz- oder mittelfristig die gewünschten Früchte bringen werden. Langfristig gesehen, also aus der Sicht über Jahrzehnte oder Generationen hinweg, werden sie die Bargeldabschaffung nicht verhindern können.
Das scheint eine gewagte Aussage zu sein. Aber wenn man weiß, wie Probleme entstehen und wie man sie wieder gänzlich auflösen kann, ist es leicht nachzuvollziehen.

Alles hat eine Basis bzw. eine Wurzel, also auch Probleme und Missstände. Aus der beziehen sie Kraft und Substanz und können so über Jahre hinweg unbemerkt wachsen, gedeihen und zu voller Kraft kommen.

Um beim Beispiel einer Pflanze oder eines Baumes zu bleiben, können wir eine Problemerscheinung wie die Bargeldabschaffung vielleicht lösen, indem wir einen großen Ast des Baumes absägen, also indem wir z. B. die Einflüsse der Finanzindustrie beschneiden.

Vielleicht schaffen wir es auch, das alte Geldsystem durch ein neues und menschenfreundlicheres Geldsystem zu ersetzen und somit einen noch größeren Ast oder sogar einen Teil des Stammes abzusägen.
Aber der Stamm bzw. die Wurzeln bleiben bestehen. Der Baum wird sich regenerieren und die abgeschnittenen Äste durch neue ersetzen. Er wird nachwachsen und die scheinbar gelösten Probleme werden zeitverzögert wieder hervorkommen und alles bleibt letzten Endes beim Alten.

Wir dachten, ein Problem gelöst zu haben, aber eigentlich haben wir nur Symptome behandelt!

Das Verzwickte an der Wurzel eines Problems ist, dass wir sie meist nicht sehen können. Die Wurzel ist unsichtbar. Das liegt nicht daran, dass sie schwer zu erkennen ist, sondern dass wir in die falsche Richtung schauen.
So schauen wir bei der Bargeldabschaffung allzu gerne auf die bösen Banken, die Elite, die Strippenzieher oder wir fokussieren uns auf die vielen anderen Symptome, die das Thema hervorruft.

In der Tat ist es wichtig, das alles zu erkennen. Es ist der erste Schritt, um das Problem überhaupt benennen und erfassen zu können.
Auch unser Groll, den wir über die Institutionen und Initiatoren der Bargeldabschaffung haben, ist bis zu einem gewissen Maße berechtigt.
Aber wir sollten uns darüber bewusst sein, dass es sich hierbei erst einmal nur um Symptome handelt.

Die Wurzel jedes Problems hat letzten Endes mit uns selbst etwas zu tun, steht also in irgendeiner Form immer mit uns selbst in Verbindung.

Ich möchte ausdrücklich darauf hinweisen, dass das nicht mit Schuld oder dem Gedanken, dass wir die Schuldigen wären, zu verwechseln ist. Es soll bedeuten, dass das Thema in irgendeiner Form mit uns korrespondiert bzw. in Verbindung steht.

Da wir uns dessen oft nicht bewusst sind und wir uns ja schließlich nicht gerne in Frage stellen und uns reflektieren möchten, sind wir eigentlich ganz froh, wenn es andere gibt, denen wir die Schuld zuweisen können.
Damit lenken wir unbewusst unsere Aufmerksamkeit von uns weg und machen andere für den Missstand verantwortlich. Das ist immer der leichteste und angenehmste Weg. Schon befinden wir uns in einer selbst gemachten Falle.

Wir machen andere für Missstände verantwortlich und nicht selten entsteht dabei Aggression oder sogar Gewalt. Und Gewalt kann nur dort entstehen, wo man seinen eigenen Anteil an der Sache noch nicht erkannt hat.

Wir müssen bei einer Problemlösung irgendwann einmal den Mut finden, unsere Aufmerksamkeit, die wir auf die scheinbaren Übeltäter gerichtet haben, von dort zu lösen und sie wieder auf uns selbst zu richten. Wir werden uns also die Frage stellen müssen, was das alles mit uns zu tun hat.

Um das zu tun, müssen wir neue Wege gehen. Wege, die in unserer Gesellschaft meist unbekannt sind und somit erst einmal unrealistisch erscheinen.

Aber eines ist gewiss: Wir werden neue Wege gehen müssen, wenn wir die Probleme von heute lösen möchten. Albert Einstein sagte einmal dazu:

> *»Wir brauchen ein anderes Denken, wenn der Planet überleben will.«*

Wenn wir alles beim Alten lassen, werden wir sicherlich die Probleme nicht lösen.

Ein weiterer Spruch von Albert Einstein bringt das zum Ausdruck:

> *»Die reinste Form des Wahnsinns ist es, alles beim Alten zu belassen und gleichzeitig darauf zu hoffen, dass sich etwas verändert.«*

Wir werden auch zum Erhalt des Bargeldes neue Wege gehen müssen. Ich möchte mich deshalb in diesem Kapitel aus dem Fenster lehnen und einen dieser neuen Wege aufzeigen.

Das Thema morphische Felder halte ich für elementar wichtig und für dieses Buch unabdingbar. Haben wir den Mut, uns zu hinterfragen und unseren Anteil an der ganzen Misere zu erkennen und damit das Problem der Bargeldabschaffung an der Wurzel anzupacken und bleibend zu lösen?
Ich möchte daher nachfolgend die Ursache der Bargeldabschaffung aus Sicht der morphischen Felder analysieren.

Morphische Felder

Was sind morphische Felder?
Der Begriff wurde durch den britischen Biologen Rupert Sheldrake mit seinem Buch »Die Theorie des morphogenetischen Feldes« 1981 weltweit bekannt. (Anmerkung: Anfänglich bezeichnete Sheldrake diese Felder als morphogenetische Felder, da das ein etablierter Begriff in der Biologie ist. Weil er sah, dass sich seine Forschungsergebnisse nicht auf die ursprüngliche Biologie reduzieren lassen, verwendete er im Laufe der Zeit nur noch den Begriff morphische Felder.)

Die These, die er in seinem Buch aufgestellt hat, verursachte besonders in wissenschaftlichen Kreisen großen Aufruhr. So wurde seine These lange Zeit diskutiert, in Frage gestellt, kritisiert und nicht selten er selbst als Person dafür in Misskredit gebracht.

Der Mann musste leider erfahren, wie schwer und mühsam es ist, neue Gedanken zu denken; wie schmerzhaft es ist, sie öffentlich zu äußern, und wie lange es dauert, bis neue Sichtweisen in der Gesellschaft akzeptiert werden.

Er musste den Weg durchlaufen, den Mahatma Gandhi wunderbar beschrieben hat:

> *»Zuerst ignorieren sie dich, dann lachen sie über dich,*
> *dann bekämpfen sie dich und dann gewinnst du.«*

Sheldrake hat im Laufe der Zeit versucht, seine These zu beweisen. Über die Ergebnisse hat er eine Vielzahl von Büchern geschrieben, die sich millionenfach verkauft haben.
Heute ist seine These in vielen wissenschaftlichen Kreisen akzeptiert. Andere Kreise geben sich bis heute alle Mühe, sie zu widerlegen oder in Verruf zu bringen. Seine These ist es jedoch in jedem Falle wert, ihr Raum zu geben und sie weiterzudenken. Sie wird uns bei der Analyse der Wurzel des Problems der Bargeldabschaffung eine große Hilfe sein.

Seine These besagt, dass es unsichtbare Energiefelder gibt, die eine formgebende Kraft haben. Und wenn die Kraft stark genug wird, wird sich das Feld zunehmend verdichten und in der materiellen Welt manifestieren, sich hier also eine entsprechende Form bilden.

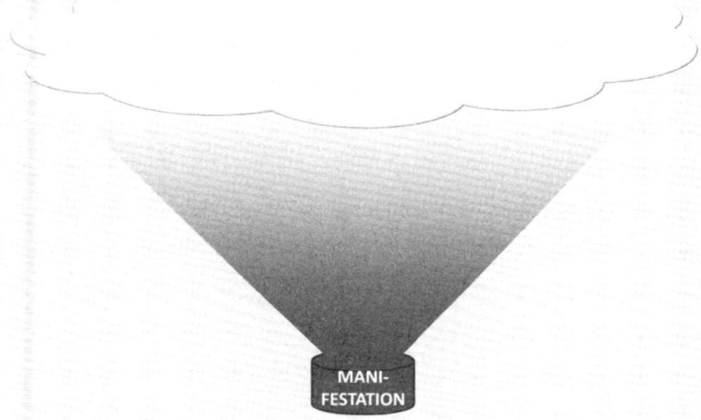

Um die These etwas erklärbarer zu machen, möchte ich die Geschichte des Hundertsten Affen nachfolgend erzählen:

Der Hundertste Affe
Auf einer Insel in Japan lebte eine Gruppe Affen der Art Macaca fuscata. Um 1950 begannen Wissenschaftler, sie zu beobachten und zu erforschen. Sie warfen den Affen Süßkartoffeln in den Sand. Die Affen liebten den Geschmack der rohen Süßkartoffeln, aber sie fanden die Erde und den Sand, der daran klebte, unangenehm.

Imo, ein 18 Monate altes Weibchen, fand heraus, dass sie das Problem lösen konnte, indem sie die Kartoffeln im Wasser reinigte und erst dann aß. Die Kartoffeln schmeckten ihr gewaschen wohl sehr viel besser, denn sie machte es ab diesem Tage immer so. Die Wissenschaftler konnten beobachten, wie diese neue Methode, Süßkartoffeln zu essen, von anderen Affen zunehmend nachgeahmt und übernommen wurde.

Im Herbst 1958 geschah etwas sehr Erstaunliches:

Eine größere Anzahl von Affen wusch ihre Süßkartoffeln. Die genaue Anzahl ist nicht bekannt, sie wurde hypothetisch auf 99 festgelegt. An diesem Tage kam nun der 100. Affe hinzu und lernte seine Kartoffel im Wasser zu waschen.

Dann geschah es! Am selben Abend begannen praktisch alle in der Sippe ihre Süßkartoffeln vor dem Verzehr zu waschen. Die hinzukommende Energie des 100. Affen bewirkte irgendwie einen Bewusstseinsdurchbruch, denn praktisch alle Affen des Stammes wuschen von nun an ihre Kartoffeln, bevor sie sie aßen.

Doch das Überraschendste für die Wissenschaftler war, dass die Mode, Süßkartoffeln zu waschen, über das Meer sprang. Affenkolonien auf anderen Inseln sowie auf dem Festland, zu denen es keinen direkten Sichtkontakt gab, begannen ab diesem Tag das gleiche Verhalten an den Tag zu legen und wuschen ihre Süßkartoffeln.

Wenn eine kritische Anzahl ein bestimmtes Bewusstsein erreicht, kann dieses neue Bewusstsein von Geist zu Geist kommuniziert werden.

Mit dem Nachahmen und Lernen der Affen hat sich ein morphisches Feld gebildet mit folgender Essenz: Gewaschene Süßkartoffeln schmecken besser als sandige Süßkartoffeln.

Das Feld wurde gespeist durch jeden einzelnen Affen, der diese Erfahrung gemacht hatte. Und mit jedem Affen wurde das Feld stärker und stärker, bis die Kraft so stark war, dass andere Affen auf anderen Inseln, die keinen Sichtkontakt hatten, das Wissen intuitiv erhalten, übernommen und angewendet haben.

Anmerkung zur Geschichte des Hundertsten Affen:
Die Geschichte beruht auf einer wahren Begebenheit. Das Verhalten der Affengruppe – sie lebt auf der Insel Kōjima – wurde von Wissenschaftlern dokumentiert. Nach ihren Beobachtungen gab es zwar keinen plötzlichen Durchbruch beim Annehmen der Technik des Kartoffelnwaschens, aber es gab 1958/1959 einen Wendepunkt: Von da an lernten die jungen Affen wie selbstverständlich, also ganz ohne Widerstände, die Kartoffeln vor dem Essen zu waschen. In der Wissenschaft haben die Beobachtungen als erfolgreiche Dokumentation einer Kulturentwicklung bei Tieren Berühmtheit erlangt. An anderen Forschungsstationen wurde das Verhalten zwar auch beobachtet, in der englischsprachigen Literatur finden sich aber keine weiteren Hinweise dazu. Die Geschichte vom Hundertsten Affen ist jedoch ein anschauliches Beispiel dafür, was die These von Rupert Sheldrake beinhalten kann.

Ob sich die Geschichte nun tatsächlich so wie oben beschrieben zugetragen hat, ist nicht eindeutig belegt. Sie zeigt jedoch sehr verständlich auf, was die These von Rupert Sheldrake beinhaltet. Er nennt es morphisches Feld. Es gibt aber hierzu noch viele andere Begriffe wie z. B.:

- morphogenetisches Feld
- wissendes Feld
- kollektives Bewusstsein
- formbildende Verursachung
- Gedankenfeld
- unsichtbares Energiefeld
- formgebendes Feld
- Gedächtnis der Natur

All diese Begriffe sagen in etwa das Gleiche aus. Mir persönlich gefallen die Begriffe formgebendes Feld oder formgebende Kraft oder gedankliches Feld am besten. Ich werde jedoch im Weiteren beim Begriff morphisches Feld bleiben.

Es gibt viele Beispiele dafür, dass diese Felder nicht nur bei Tieren, sondern auch beim Menschen existieren. So hat man bei vielen großen Erfindungen beobachtet, dass sie zur gleichen Zeit an verschiedenen Orten der Welt gemacht wurden, obwohl kein unmittelbarer Kontakt zwischen den Forschern bestand.

Das soll auch bei der Erfindung des Telefons der Fall gewesen sein. Mehrere Wissenschaftler, die überall auf der Welt verstreut waren und keinen physischen Kontakt miteinander hatten, haben zur gleichen Zeit das Telefon erfunden.
Durch die intensiven Forschungsarbeiten dieser Wissenschaftler wurde das morphische Feld immer stärker, bis sich die Lösung auf die Forscher fast zur gleichen Zeit wie von unsichtbarer Hand übertragen hat. Solche Phänomene konnte man bei einigen bedeutenden Erfindungen in der Menschheitsgeschichte beobachten.

Es gibt viele solcher Beispiele und Beweise hierzu, mit denen ganze Bücher gefüllt werden könnten. Aber das wäre einerseits für dieses Buch nicht zielführend und andererseits will ich mich in dieses Fettnäpfchen auch nicht reinsetzen.

Ich möchte die These nicht beweisen, sondern sie nur zur Analyse nutzen, um an die Wurzel der Bargeldabschaffung zu kommen. Und Sie werden am Ende des Kapitels merken, wie wertvoll das für uns ist und zu welch verblüffenden Lösungsansätzen es uns bringt.
Zusammengefasst würde ich die These wie folgt formulieren:

Ein morphisches Feld ist eine formgebende Kraft, die durch uns Menschen mit Energie gespeist wird – mit unserem Bewusstsein, unserem Wissen, unseren Gewissheiten und unseren Taten, die wir aus Überzeugung leben. Die Energiefelder drängen zur Manifestation. Je stärker die Felder sind, umso schneller und stärker zeigen und etablieren sie sich, bringen also eine entsprechende Manifestation in unserer Gesellschaft hervor.
Anders ausgedrückt steht hinter jeder Manifestation in unserer Gesellschaft solch ein Feld, egal ob es eine gute oder schlechte Manifestation ist.

Anmerkung: In meinem Newsletter Nr. 11 erkläre ich ab Seite 29 die morphischen Felder eingehender. Unter www.wertvollleben.net können Sie ihn im Newsletterarchiv abrufen.

Nach dieser These müsste also auch hinter der Bargeldabschaffung solch ein Feld existieren, das mit uns Bürgern in direkter Verbindung steht. Wir würden es mit unserem Bewusstsein, Denken und Handeln mit Energie versorgen.

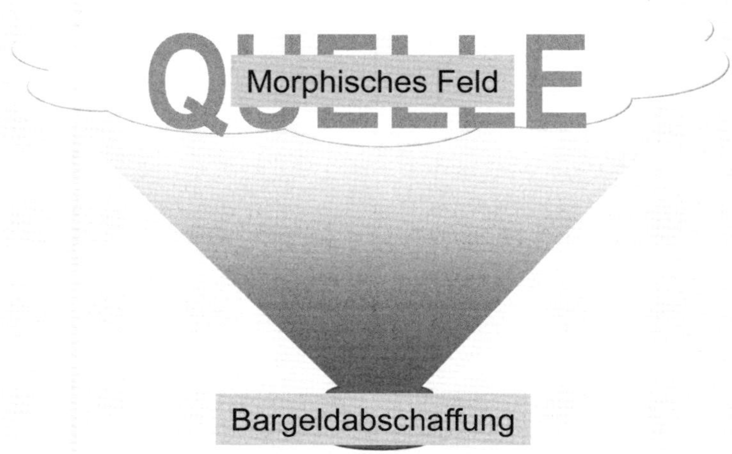

Das morphische Feld der Bargeldabschaffung

Wie wir in diesem Buch mehrfach behandelt haben, geht es bei der Bargeldabschaffung offensichtlich darum, dass die Elite die Kontrolle über das Geld aller Menschen erlangen möchte.
Und so logisch und einleuchtend uns das erscheinen mag, ist es nur die oberflächliche Wahrheit. Bei genauem Hinsehen stellen wir fest, dass es eigentlich um etwas ganz anderes geht.

Unsere Gesellschaft ist bezüglich des Machteinflusses hierarchisch aufgebaut. Vereinfacht ausgedrückt ist unten der Bürger angesiedelt, dann kommen irgendwann einmal die Politiker und ganz oben an der Spitze stehen die Strippenzieher, die letztendlich die größte Macht in den Händen halten.

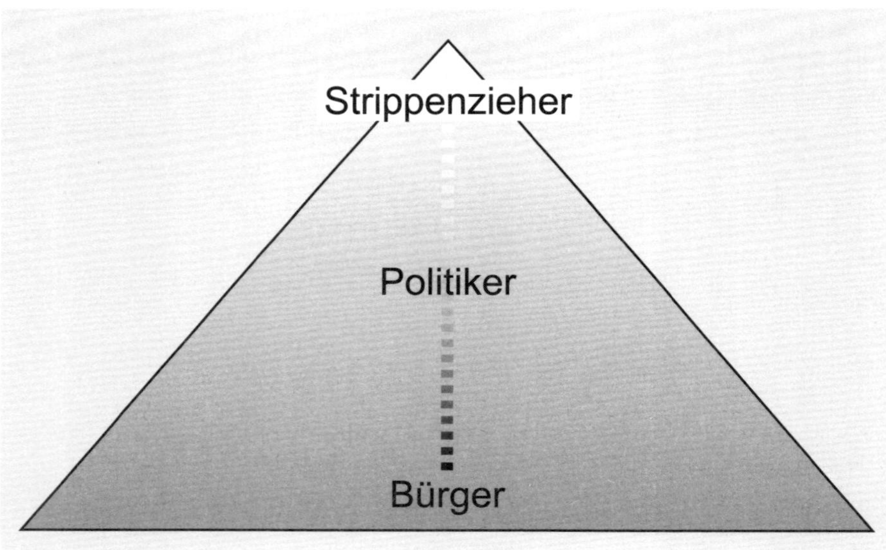

Und in der Tat ist es so, dass die Mächtigen wie Politiker und Strippenzieher dem Geld nachstreben und die Kontrolle über das Geld erlangen möchten. Je weiter oben in der Hierarchie, je größere Dimensionen nimmt das an. Aus Sicht des Bürgers sind die da oben die Bösen.

Wenn wir aber weiter nach unten in der Pyramide gehen, also zu uns Bürgern, stellen wir ganz erschrocken fest, dass wir genauso handeln.
Wie rennen ebenso dem Geld hinterher. Nur auf einer tieferen Ebene, wo es sich nicht ganz so deutlich zeigt und daher sehr viel weniger auffällt.
Wenn wir die Gelegenheit erhalten, ein Schnäppchen zu machen, laufen wir mit ausgefahrenen Ellenbogen durch den Einkaufsladen und drängen die anderen weg, um möglichst vor ihnen zum Wühltisch mit den tollen Sonderangeboten zu gelangen.

Wenn wir für 1 Euro ein Produkt ergattern können, das in China oder anderswo billig hergestellt wurde, haben wir kein Problem damit, wenn andere Länder und Menschen ausgebeutet werden, damit wir das billige Produkt bekommen können.
Wenn wir für 2,99 Euro 700 Gramm Schweinesteak kaufen können, dann finden wir das absolut geil und merken gar nicht, wie wir damit die Massentierhaltung finanzieren und Tiere ausbeuten.
Wenn wir früher für unsere Geldanlage 5 % Zinsen erhalten haben, sind wir heute frustriert und beklagen uns darüber, dass wir jetzt nur noch 0,1 % Zinsen für unser Sparvermögen erhalten.

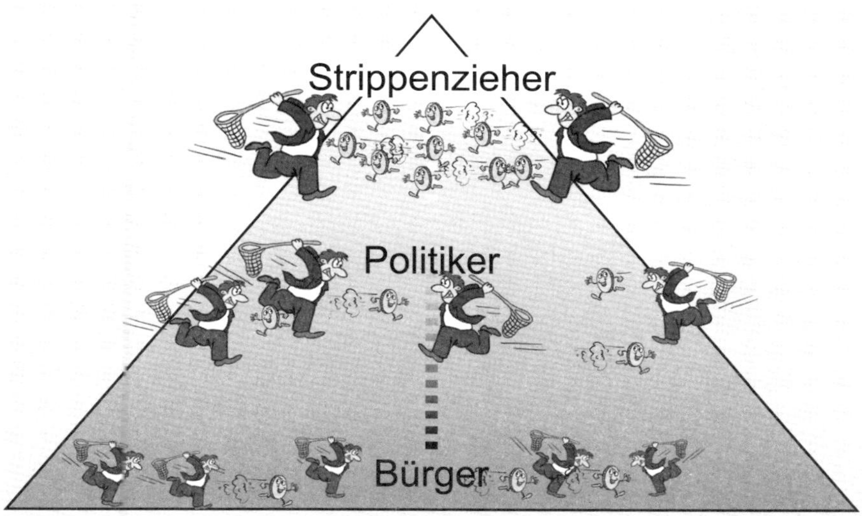

Das Rennen um Geld und Macht

Nicht nur die Mächtigen laufen dem Geld hinterher, sondern genauso wir Bürger. Wie steht es mit Ihnen?

Der Grundgedanke ist identisch, nur die Macht ist entsprechend der Hierarchiestufe anders verteilt. Und dieses Grundkonzept durchdringt unsere gesamte Gesellschaft von oben bis ganz unten.
Der Kampf um das Geld ist überall voll im Gange. Wir sind mit diesem System voll zufrieden, solange wir die Macht in unseren Händen halten und andere ausbeuten können. Wenn aber andere mächtiger sind und uns ausbeuten, sehen wir uns schnell als die armen Opfer an.

Aber all das ist immer noch nur die Oberfläche. Wir haben ja auch in diesem Buch gelernt, was Geld in Wirklichkeit ist. Denn Geld ist eigentlich nur Energie. Es geht also nur vordergründig um das liebe Geld.
Dahinter steckt etwas viel Wichtigeres. Mit unserem Verhalten greifen wir letztendlich auf die Energie der anderen zu.
Und somit geht es bei der ganzen Sache um nichts Geringeres als darum, die Kontrolle über die Energie der Mitmenschen zu erlangen. Und hier sind wir nun am eigentlichen Kern angelangt.

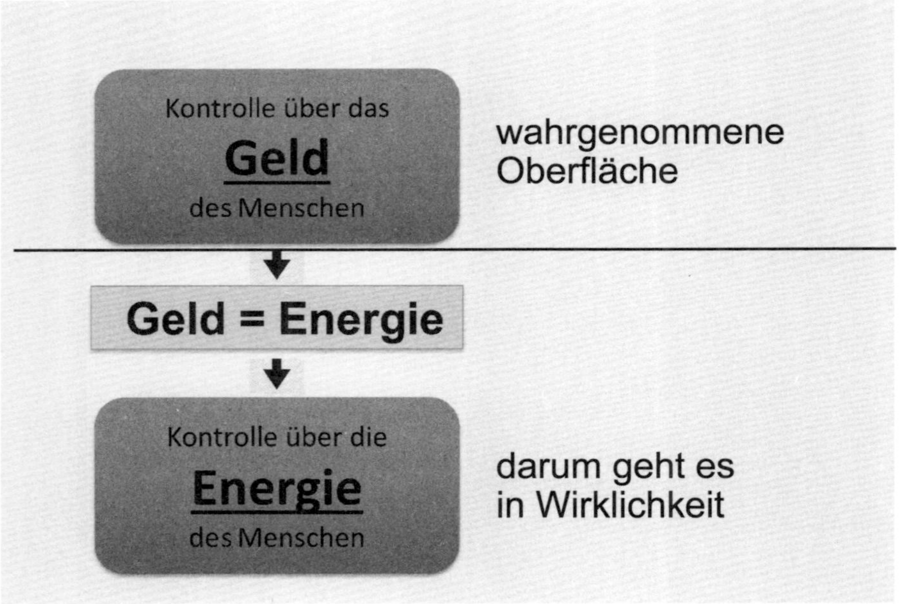

Projektion der These auf die Bargeldabschaffung

Wenn wir diesen Kern auf die morphischen Felder projizieren, kann man erkennen, dass ein großes Energieklauspiel auf unserem Planten voll im Gange ist.

Jeder versucht, an die Energie des anderen zu kommen. Also mehr zu nehmen, als dafür zu geben. Eine riesige Masse an Menschen spielt dieses Spiel. Sie lieben das Spiel, sind davon fasziniert, weil es ihrem eigenen Gedankenkonzept entspricht.

Weil das Spiel von so vielen Menschen gespielt wird, ist das morphische Feld des Energieklauspiels so unglaublich groß und stark.
Das ist auch der Grund dafür, dass in unserer Gesellschaft überall, wo man nur hinsieht, Völker, Menschen, Tiere und Pflanzen ausgeplündert werden. Das sind die Manifestationen des morphischen Feldes, das wir mit unseren Gedanken und Handlungen über die Zeit erschaffen haben. Und die Bargeldabschaffung dient auch dazu, an die Energie der anderen zu kommen, und ist somit nur eine von vielen automatischen Folgen und Manifestationen aus diesem Feld.
Wenn uns das bewusst ist, haben wir die Wurzel des Problems erkannt. Das gibt uns nun die Möglichkeit, das Problem an der Wurzel anzupacken und nachhaltig zu lösen.

Es gibt nämlich noch ein anderes Spiel.
Es ist das Spiel fairer Austausch. Aber dessen Feld ist sehr schwach, weil es nur sehr wenige Menschen spielen. Und weil das so ist, bekommt das Feld viel zu wenig Kraft und kann sich kaum in der Gesellschaft manifestieren.

Wenn wir Menschen uns mit dem Thema fairer Austausch auseinandersetzen und ihn auch aus unserem Herzen heraus leben, dann kann dieses Feld wachsen und die notwendige Kraft bekommen, damit es sich zeitverzögert in der Gesellschaft manifestiert und wir die Verbesserungen auf unserem schönen Planeten erhalten, die wir so dringend brauchen.

Die Lösung ist also fairer Austausch mit Menschen. Mit anderen Nationen. Mit den Dritte-Welt-Ländern, den Schwellenländern, den Industrieländern.

Fairer Austausch mit den Tieren, denen es teilweise sehr schlecht geht. Guter und fairer Austausch mit jeglichen Lebensformen, die es gibt.

Guter Austausch im Business. Guter Austausch in der Beziehung. Guter Austausch mit unseren Kindern. Schlichtweg guter und fairer Austausch im gesamten Leben.

Solange dieses Konzept des fairen Austausches in unserer Gesellschaft verankert ist und in den Herzen der Menschen existiert und gelebt wird, werden wir für die vielfältigen Probleme innerhalb unserer Gesellschaft Lösungen finden und brauchen uns auch keine Sorgen um die Zukunft zu machen.

Bargeld gibt uns die Möglichkeit, die Grundidee des fairen Austausches mit jeder Zahlung sichtbar zu machen. Die Symbolik von Geben und Bekommen ist bei jeder Bargeldzahlung existent. Bargeld hilft uns, diesem Grundgedanken bei jeder Zahlung die Kraft zu geben. Es hilft uns dabei, das morphische Feld des fairen Austausches zu stärken.
Fairer Austausch ist die Lösung. Die Lösung, die jeden Einzelnen von uns fordert, die uns aber auch wieder in unsere eigene Kraft und Verantwortung bringt.

»Sei du selbst die Veränderung, die du dir wünschst für diese Welt.«

Mahatma Gandhi

Es ist die Lösung, die wir alle tagtäglich mit der Gewissheit leben können, dass wir damit das morphische Feld des fairen Austausches mit Energie versorgen.

Es ist die Garantie dafür, dass diese formgebende Kraft an Stärke gewinnt und sich in unserem Leben manifestieren kann.
Das Feld des fairen Austausches würde nie eine Abschaffung des Bargeldes zulassen, sondern uns in ganz andere Sphären beim Thema Geld katapultieren.

DER KREIS SCHLIESST SICH

Wissen verpflichtet. Das hat mein Vater, der während dem Zweiten Weltkrieg geboren wurde, immer wieder geäußert. Lange war mir unklar, was diese Worte bedeuten.

Wissen ist ein Gut, dass man nicht nur für sich allein beanspruchen, sondern auch mit anderen teilen sollte. Wissen zurückzuhalten ist letzten Endes ein Vergehen gegenüber der Gesellschaft. Nur wenn Wissen sich weiterverbreiten darf, kann es zum Nutzen des Menschen und des Lebens eingesetzt werden.

Ich habe lange darunter gelitten, dieses allumfängliche Wissen zur Bargeldabschaffung zu besitzen und gleichzeitig die Unkenntnis oder die Ohnmacht der Mitmenschen wahrzunehmen. Es war für mich ganz klar zu sehen, wo die Gesellschaft unweigerlich hinsteuert.

Der Gedanke, dieses Wissen zu haben und mich dem Vorwurf der nachfolgenden Generation auszusetzen:

> *»Du hättest doch sehen müssen, welche Folgen die Bargeldabschaffung hat, warum hast du nichts dagegen unternommen?«*

Diese Vorstellung hat mich zermürbt. Immer wieder tauchte der 84-jährige Mann in meinen Gedanken auf, den ich am Anfang des Buches erwähnt habe und der seinen Eltern genau diesen Vorwurf bezogen auf den Krieg gemacht hatte.
Aus meiner Gewissensnot heraus habe ich mich auf eine lange Reise begeben. So habe ich jahrelang zum Thema recherchiert und geforscht, danach einen 2-stündigen Vortrag konzipiert und bin auf Vortragstour in 12 deutsche Städte gereist. Dann habe ich 16 Kurzvideos gedreht, auf YouTube veröffentlicht und als Abschluss nun dieses Buch geschrieben.

Mit meiner Internetseite www.bargeldverbot.info verfolge ich das Ziel, eine Plattform für den Bürger zu schaffen. Hier sollte er sich einerseits informieren können. Andererseits war noch viel wichtiger für mich, ihm ein Werkzeug in die Hand zu geben, mit dem er handlungsfähig werden kann. Daher gibt es auf der Internetseite beispielsweise diverse Videos, Podcasts und Blogbeiträge, die jeder in seinem eigenen Wirkungskreis verbreiten kann.

Mir geht es nicht darum, die Finanzindustrie und die Strippenzieher mit meinem Wirken, meinen Videos oder diesem Buch an den Pranger zu stellen.
Mir geht es ausschließlich darum, dass der Bürger nicht mehr blind den Werbebotschaften der Geldindustrie folgt und unreflektiert die digitalen Zahlungssysteme nutzt.

Mein Wunsch ist es, dass er jeden Zahlungsvorgang bewusst ausführt.
Also sich reflektiert und dann bewusst entscheidet, ob er nun Giralgeld oder doch lieber Bargeld nutzen möchte. Diese mündige Entscheidung jedes einzelnen Menschen ist für mich unantastbar.
Ich bin sicher, dass ein solcher Bürger den Wert von Bargeld erkennt und eine Bargeldabschaffung nie zulassen würde.

Hiermit ist bei mir der Kreis von Recherchieren, Erkennen, Vortrag, Videos und Buch geschlossen. Der Bürger kann entsprechend seinen Vorlieben auf das Wissen zugreifen und beginnen, sich eine eigene qualifizierte Meinung zu bilden und entsprechend zu handeln.
Dort, wo ich den Erhalt des Bargeldes unterstützen kann, werde ich meinen Beitrag auch in Zukunft leisten. Kommen Sie bitte auf mich zu, wenn ich Sie in Form eines Vortrages, einer Vorlesung oder anderweitig in der Verbreitung des Wissens unterstützen kann.

Bevor ich dieses Projekt gestartet habe, habe ich lange überlegt, ob ich mir das wirklich antun soll. Mir war bewusst, dass es alle meine Aufmerksamkeit binden würde, dass ich mein Herzensprojekt WertVoll Leben vernachlässigen würde und dass ich auch finanziell dafür einen hohen Preis bezahlen muss, und das über Jahre hinweg.
Solch eine Entscheidung trifft man nicht leichtfertig.
Schon länger hatte ich für derartige Situationen folgendes Zukunftsspiel entwickelt: Ich versetze mich gedanklich in mein 90. Lebensjahr und stelle mir vor, dass ich an der irdischen Schwelle stehe und auf mein Leben zurückblicke.

Folgende Fragen stelle ich mir dann:

- Wie fühlt sich das Projekt aus dieser Perspektive an?
- Wie fühlt es sich an, wenn ich es umsetze?
- Wie fühlt es sich an, wenn ich es nicht umsetze?
- Bei welcher Entscheidung habe ich ein Lächeln im Gesicht?
- Bei welcher Entscheidung bin ich traurig oder würde mir sogar Vorwürfe machen?

So habe ich auch das komplette Projekt »Erhalt des Bargeldes« schon mehrmals aus diesem Blickwinkel betrachtet.

Ich habe immer die gleiche Antwort bekommen:

Ja, es war richtig und gut, es zu tun.

Es hat sich gelohnt, zu leben
und sich für den Menschen
und den Erhalt unserer Freiheit einzusetzen.

Ich schließe die Augen
und mit einem Lächeln im Gesicht
und einem guten Gefühl
verlasse ich diese schöne Welt
reinen Gewissens.

Ihr
Hansjörg Stützle

Über den Autor

Hansjörg Stützle fühlte sich schon von Jugend an dem richtigen und verantwortungsvollen Umgang mit Geld verbunden.

Nach seiner Fachausbildung brachte er sich in das väterliche Beratungsunternehmen für integrale Unternehmensentwicklung ein. Er entwickelte sich dort zum Analytiker und zum Spezialisten für die Sanierung von klein- und mittelständischen Unternehmen. Während seiner Forschungen wandte er sich auch den in der Gesellschaft fast verloren gegangenen Grundwahrheiten des Geldes zu.

Der im Jahre 1970 geborene, am Bodensee lebende Unternehmer bündelt heute sein über zwei Jahrzehnte erlangtes Wissen und seine Erfahrungen im Rahmen seines Herzensprojektes WertVoll Leben und stellt es in Form von Vorträgen, Seminaren und Ausbildungsreihen der Allgemeinheit zur Verfügung.

Drei Jahre lang widmete Hansjörg Stützle einen Großteil seiner Zeit der Arbeit an diesem Buch. Er dokumentiert darin 15 Jahre Recherche und Forschung zur schleichenden, aber keineswegs zufälligen Abschaffung des Bargeldes.

Bildquellen

Art Explosion:	Seiten 50, 51, 52, 74
Depositphotos:	Seiten 5, 20, 50, 100, 200, 220 (lynx_v), 10 (julydfg)
iStock:	Seiten 92 (jgroup), 100 (alice-photo und LDProd), 105 (3sbworld), 188 (Photo-Max)
Pixabay:	Seiten 33 (Pexels), 72 (coyot und geralt), 137 (blickpixel), 167 (Snap_it, marc87 und OpenClipart-Vectors)
Stefan Roth:	Titelillustration und Seiten 5, 13, 17, 31, 48, 60, 62, 65, 71, 79, 99, 100, 121, 127, 139, 153, 161, 168, 173, 181, 199, 200, 201, 207, 217
WertVoll Leben:	19, 91, 93, 96, 107, 108, 109, 118, 119, 122, 125, 129, 154, 163, 165, 169, 170, 175, 176, 205, 208, 210, 211, 213, 214, 215
Wikipedia:	Seite 24 (1 oz. Krügerrand, Goldmünze von Gruener Panda – www.coininvest.com)

Haftungsausschluss

Trotz gewissenhafter Recherche und aufmerksamem Korrekturlesen erheben wir weder einen Anspruch auf Vollständigkeit noch auf Fehlerlosigkeit. Wir haben streng darauf geachtet, alle Urheberrechte zu berücksichtigen, und die Urheber aufgeführt. Unsere Recherchen erfolgten nach bestem Wissen und Gewissen. Dennoch übernehmen wir keinerlei Gewähr für die Aktualität, Richtigkeit oder Vollständigkeit der bereitgestellten Informationen. Haftungsansprüche gegen uns schließen wir grundsätzlich aus.

Die in der Publikation verwendeten oder gezeigten Marken, Markennamen und Logos sind Eigentum der jeweiligen Rechteinhaber.

Hansjörg Stützle – klare Sicht auf Geld: Seminare und persönliche Begleitung

Mir ist in allen Facetten bewusst, wie Geld in unserer Gesellschaft wirkt.
Viel Gutes kann mit Geld geschaffen werden: Es findet Verwendung sowohl als Starthilfe für neue Projekte als auch bei der Rettung von Menschen und Tieren; es kann Freude schenken und das Leben sprichwörtlich reich an Sinn und Inhalt machen.
Genauso ist Geld aber auch der Inbegriff von Macht. Von Machtstreben und all dem, was mit Gewalt, Missgunst und Unfreiheit zusammenhängt.

Ich beobachte seit vielen Jahren die ökologischen, gesellschaftlichen und politischen Entwicklungen mit Sorge. So bin ich überzeugt, dass dem Umgang mit Geld eine Schlüsselrolle bei der Bewältigung der vielschichtigen Probleme zukommt. Ohne ein grundlegendes Verstehen und den entsprechend verantwortungsvollen Umgang mit Geld wird das Leben auf unserem Planeten mehr und mehr leiden und mit ihm die Dinge, die wir lieben.
Die Schlüssel zur Veränderung sind gute und werthaltige Informationen. Hintergründe und Wahrheiten zu erkennen und zu verstehen ist unabdingbar. Oftmals reicht die Erkenntnis allein aber nicht aus, um im eigenen Leben eine Änderung herbeiführen zu können. Seit vielen Jahren liegt daher eine meiner beruflichen Aufgaben darin, Menschen in Form von Seminaren und persönlicher Begleitung auf den Weg in ihre finanzielle Freiheit zu führen.

Vielleicht liest sich das für Sie zu schön, um wahr zu sein.
Glauben Sie mir: Es funktioniert.

Neugierig geworden? Dann besuchen Sie mich gerne auf **wertvollleben.net**.

wertvollleben.net

Hansjörg Stützle – bargeldverbot.info: eine Plattform zum Erhalt des Bargeldes

Es ist für mich ein schönes Gefühl, dazu beigetragen zu haben, dass der Gesellschaft das Bargeld und somit ein wichtiger Baustein von Freiheit erhalten bleiben kann. Wenn jetzt bei Ihnen die Frage aufkommt, was Sie selbst dafür tun können, freut mich das.

Mir erscheint es als sehr wertvoll, wenn Menschen sich persönlich mit dem Thema »Erhalt des Bargeldes« auseinandersetzen. Der Wert und die Wirkung werden sich multiplizieren, wenn Sie ihr soziales und berufliches Umfeld mit einbeziehen.

Für Menschen wie Sie habe ich eine Informationsplattform im Internet geschaffen. Auf **bargeldverbot.info** finden Sie vielfältige Werkzeuge, in Form von z. B. Blogbeiträgen, Videos und Podcasts, die Sie gerne nutzen und verbreiten können.

Danke, dass Sie ein wichtiger Teil der Lösung sein möchten!

Herzliche Grüße vom Bodensee
Hansjörg Stützle

bargeldverbot.info